U0787007

推动能源生产和消费革命战略研究系列丛书
（第三辑）
中国工程院重大咨询项目成果文库

能源革命推动中部地区崛起

何继善　袁　亮　刘炯天 等　著

科学出版社
北　京

内 容 简 介

本书重点阐述中部地区能源革命的问题，从中部地区能源供需、经济、社会和生态环境的基本特点，中部地区能源发展与经济、社会、生态环境的关系，中部地区能源革命对经济、社会发展和生态环境保护的推动作用以及中部地区在国家能源革命的战略定位、未来能源发展战略和重点四个维度剖析目前中部地区能源革命现状、问题及发展思路。

本书可供国家部委及央企、国企相关人员，地方政府、高等院校师生及研究机构从业人员参考。

图书在版编目（CIP）数据

能源革命推动中部地区崛起 / 何继善等著. —北京：科学出版社，2021.10
（推动能源生产和消费革命战略研究系列丛书. 第三辑）
中国工程院重大咨询项目成果文库
ISBN 978-7-03-069077-7

Ⅰ. ①能… Ⅱ. ①何… Ⅲ. ①能源发展－研究－中国②区域经济发展－研究－中国 Ⅳ. ①F426.2②F127

中国版本图书馆 CIP 数据核字（2021）第 108899 号

责任编辑：陶 璇 王丹妮 / 责任校对：贾娜娜
责任印制：张 伟 / 封面设计：有道设计

科学出版社 出版
北京东黄城根北街 16 号
邮政编码：100717
http：//www.sciencep.com

北京捷迅佳彩印刷有限公司 印刷

科学出版社发行 各地新华书店经销

*

2021 年 10 月第 一 版 开本：720×1000 B5
2021 年 10 月第一次印刷 印张：10
字数：200 000

定价：108.00 元

（如有印装质量问题，我社负责调换）

推动能源生产和消费革命战略研究系列丛书
（第三辑）
编委会成员名单

项目顾问

周　济　中国工程院，主席团名誉主席、院士
李晓红　中国工程院，院长、院士

项目负责人

谢克昌　中国工程院，原副院长、院士
彭苏萍　中国矿业大学（北京），中国工程院院士

课题负责人

第一课题　能源革命推动区域经济社会与生态环境协调发展　倪维斗
第二课题　能源革命推动京津冀协同发展和雄安新区建设　谢克昌
第三课题　能源革命推动长三角创新发展　翁史烈、黄　震
第四课题　能源革命推动珠三角开放发展　陈　勇
第五课题　能源革命推动老工业基地转型发展　黄其励、谢克昌
第六课题　能源革命推动中部地区崛起　何继善
第七课题　能源革命推动能源富集地区绿色发展　刘中民
第八课题　能源革命推动西南地区共享发展　马洪琪
第九课题　能源革命推动能源安全保障　黄维和、韩景宽
第十课题　综合组　谢克昌

推动能源生产和消费革命战略研究系列丛书（第三辑）

丛书序

能源是人类社会发展的重要支柱，是国民经济发展的重要基础。致力于促进中国工程科学技术事业和经济社会可持续发展的中国工程院，自1994年建院以来就将能源问题纳入战略咨询的重要范畴。能源革命战略研究已做成了系列，做成了中国工程院的品牌。

党的十八大首次提出“推动能源生产和消费革命”[①]。习近平于2014年提出“四个革命、一个合作”能源安全新战略以来，推动能源革命已经成为中长期我国能源发展的基本遵循[②]。中国工程院于2013年5月启动了“推动能源生产和消费革命战略研究”重大咨询项目，创新性地提出了能源革命三阶段论述；又于2015年10月启动了以农村能源、西部能源和“一带一路”能源合作为重点的能源革命二期重大咨询项目，提出农村地区和西部地区推进能源革命“三步走”战略。

区域经济社会发展和生态环境保护离不开能源的支撑保障。党中央提出的“四个革命、一个合作”能源安全新战略，以及以京津冀协同发展等为代表的国家区域发展战略的深入贯彻实施，为新时期能源发展提供了基本遵循和方向指引。鉴于此，中国工程院于2018年3月启动了“推进能源生产和消费革命（2035）——能源革命推动经济社会发展和生态环境保护战略研究”重大咨询项目。项目以主动视角审视当前国家能源发展情况，立足“变被动为主动”的研究观点，深入研究能源革命对经济社会发展和生态环境保护的推动作用，全面分析能源与经济社会、生态环境的相互关系，旨在新形势下结合区域发展战略的顶层指引和能源资源禀赋的实际，因地制宜推进区域能源革命，推动区域经济社会发展和生态环境保护。

历时两年的研究，项目取得了一系列研究成果。围绕能源革命推动京津冀协

---

① 胡锦涛在中国共产党第十八次全国代表大会上的报告，http://cpc.people.com.cn/n/2012/1118/c64094-19612151.html[2012-11-18]。

② 习近平：积极推动我国能源生产和消费革命，http://www.xinhuanet.com/politics/2014-06/13/c_1111139161.htm[2014-06-13]。

同发展和雄安新区建设、长三角创新发展、珠三角开放发展、老工业基地转型发展、中部地区崛起、能源富集地区绿色发展、西南地区共享发展、能源安全保障等研究内容，通过典型的区域案例和技术案例的调研与分析，在系统总结和深入研究能源革命对经济社会发展和生态环境保护的推动作用及能源安全专题分析研究的基础上，提出因地制宜推进能源革命的指导思想、战略思路、战略目标，阐述了2035年、2050年能源革命在推动经济社会发展和改善生态环境方面的重要作用和推进区域能源革命的七大战略举措：第一，推进京津冀能源与经济、环境的协同发展，力争生态环保实现率先突破；第二，依托长三角一体化发展优势，建立集成优化、区域联动、智能调控的能源系统，推动区域创新发展；第三，依托"一带一路"和粤港澳大湾区建设，将珠三角地区打造成国家油气储备基地和可再生能源基地，成为国家能源安全保障体系的重要一环；第四，以能源高值化、多元化、低碳化推进经济转型，激发老工业基地振兴新动能；第五，充分发挥枢纽区位优势，依托西气东输、西电东送、北煤南运，将中部地区重点打造成为保障中东部地区能源供应的综合枢纽站；第六，依托新一轮西部大开发战略，将能源富集地区打造成绿色可持续的国家能源安全保障基地；第七，推进清洁能源开发与消纳，促进乡村振兴，共享西南地区能源发展成果。并从政策制定、组织机构、财税金融、人才队伍建设等方面提出相关措施，保障相关战略举措的落地生根。

通过研究，项目形成了《推进能源生产和消费革命（2035）——能源革命推动经济社会发展和生态环境保护战略研究》总报告1份和9份课题报告及其摘要报告，其报告由科学出版社出版发行。同时，项目相关研究成果也及时做了总结，向党中央、国务院及有关部门上报了《关于能源革命与区域发展协调推进的建议》等5份院士建议，递交《关于建设榆林国家级能源革命创新示范区的提案》等3份全国政协提案。项目研究成果对于我国推进能源革命具有重要借鉴意义。

在项目的研究中，参加人员坚持咨询工作的"战略性、科学性、时效性、可行性、独立性"，注重战略研究的"方法创新、调研充分、研讨深入、组织严谨"，取得了重要成果，不仅数据翔实、目标明确，而且技术路线和政策措施具体。

项目的研究成果是项目组全体院士、专家集体智慧的结晶，作为项目负责人，我衷心感谢项目顾问李晓红、周济等院士的精心指导和所有参与研究及提供支持的院士、专家的辛勤工作，期望本丛书能够进一步为政府部门的科学决策提供科学支撑，为相关领域专家学者的进一步研究提供有益借鉴。

在新的历史阶段，能源革命正面临着新的挑战与机遇。作为全球最大的能源消费国和生产国，中国同时也在积极推进全球能源绿色转型发展。目前正在组织开展能源革命系列第四期即"能源战略（2035）"研究，阶段成果已提交院士建议3份，将继续为推动新时代能源事业高质量发展、践行"四个革命、一个合作"能源安全新战略献计献策。

谢克昌

2021年5月20日

前　　言

针对中部地区能源革命的问题，根据国家“五位一体”总体布局、推动能源革命和区域发展战略等要求，贯彻国家创新、协调、绿色、开放、共享五大发展理念，本书着重分析中部地区各省份能源供需、经济、社会和生态环境的基本特点；研究中部地区能源发展与经济、社会、生态环境的相互关系；深入探究能源革命对中部地区经济、社会发展和生态环境保护的推动作用，探索和构建与中部地区区域发展有机结合的能源模式；探索出一条促进中部地区经济、社会发展，产业结构调整，并实现中部地区经济、社会与生态环境协调发展的中部地区能源革命发展战略。

第一章，分析中部地区能源供需、经济、社会和生态环境的基本特点。分析整个中部地区及其各省份能源供应情况及变化趋势、能源消费情况及趋势、能源供给结构及变化趋势和能源有效利用情况；了解中部地区经济增长速度、能源消耗和减排等与经济社会发展相关的指标，并找出经济、社会发展与能源供需和消费的联系；分析总结中部地区生态环境所面临的污染、治理等方面的问题及解决办法，分析总结中部地区生态环境历年的情况及变化趋势，剖析中部地区能源消费与生态环境的联系。

第二章，剖析中部地区能源发展与经济、社会、生态环境的关系。针对能源革命目前的情况，首先对能源发展和经济的关系进行评价，找出经济发展引发的能源消费及其结构的变化；然后对能源发展对社会的影响进行分析；接着对能源的利用程度和新能源的开发对生态环境的影响进行剖析；最后对能源发展对生态环境的影响实施关联分析，找出不同时期能源使用产生的主要污染源，供决策参考。

第三章，解析中部地区能源革命对经济、社会发展和生态环境保护的推动作用。根据中部地区能源革命现状分析和全国能源革命的战略目标，综合考虑中部地区的经济、社会、生态环境情况，分析中部地区能源革命对经济、社会发展的作用，探究能源革命对生态环境保护的推动作用。

第四章，分析中部地区在国家能源革命的战略定位、未来能源发展战略和重点。结合国家对中部地区的战略定位，考虑中部地区当前的经济、社会发展情况，参考其他国家和地区的能源发展战略，围绕政策支持、研发平台、人才培养、融资机制、能源结构、能源供需、产业结构、风险防范等多方面因素，研究完善适合中部地区能源革命的战略定位、未来能源发展战略和重点。

何继善

2021 年 3 月

目　录

第一章 中部地区能源供需、经济、社会和生态环境的基本特点

第一节 中部五省资源禀赋情况

一、中部五省基本情况

中部五省经济区包括湖南、湖北、河南、安徽、江西[①]，面积 87.1 万千米 ^{2}，属经济、交通较发达地区。在国家发展战略规划定位中，中部地区崛起与东部沿海地区领跑、振兴东北老工业基地、西部大开发共同组成了我国区域发展战略。东部沿海地区因优越的地理位置以及国家政策的刺激，迎来了一波又一波的利好，经济取得了飞速发展。与此同时，作为中国中心地带、中华文明发源地的中部地区却日益衰退，由中国经济的前沿退居到了中游，中部地区塌陷非常明显。基于上述原因，国家于 2004 年提出了中部地区崛起战略，经过十几年的发展，目前中部五省已经成为全国第二大经济体，在全国四大经济板块中，仅次于东部沿海地区。

二、中部五省能源资源禀赋分述

在资源禀赋方面，中部五省地区资源自然条件优越，能源产业发展基础好，多种重要或稀有矿产如煤、金、银、铜、钨、铝等储量均居全国乃至世界前列。其中，河南省的煤炭资源丰富，原油和天然气资源储量不多，原油生产只有河南和湖北两省，天然气生产也只有河南、湖北和江西三省。中部地区境内水资源丰富，拥有葛洲坝、三门峡、小浪底等大型水电工程和“南水北调中线”工程，是中国重要的水电工业基地，其中，湖北省年电力生产量占全国总产量的五分之一左右。中部五省能源资源禀赋分布情况如下。

① 因本书撰写之初山西省还未划入中部地区，所以本书中仅分析湖南、湖北、河南、安徽、江西五省的情况。

（一）湖南省

（1）湖南省煤炭资源少，石油、天然气资源短缺，但水资源丰富。

（2）湖南省太阳能资源较差，光伏发电仍处于快速增长阶段。

（3）湖南省风能密度不高，但风电装机和发电呈稳步高速增长态势。

（4）湖南省核能相对丰富，并具有一定的开采、冶炼能力。

（5）湖南省地热能用途单一，发电前景不乐观。

（二）湖北省

（1）湖北省“缺煤、少油、乏气”，但水电资源较为丰富。

（2）湖北省太阳能资源可中规模开发利用。

（3）湖北省风能资源较丰富，开发利用潜力很大。

（4）湖北省生物质资源丰富，禀赋潜力巨大。

（5）湖北省地热能资源较为丰富，但总体开发利用程度相对较低。

（三）河南省

（1）河南省煤类齐全，但开发强度大，储采比远低于全国平均水平。

（2）河南省地质研究程度高，新资源发现难度大。

（3）河南省后备煤炭资源严重不足，矿井接续紧张。

（4）河南省水资源与东部及南方省份相比相对较为匮乏，水占能源消耗总量比重为5.9%。

（5）河南省属于风能资源可利用Ⅳ类地区，风电可开发资源总体条件一般，而且区域分布不均。

（6）河南省属于太阳能资源III类地区。集中式电站发展空间有限。

（四）安徽省

（1）安徽省能源禀赋为“富煤、少油、缺气”。能源生产主要是煤炭，安徽省煤炭由于开采成本较高，缺乏竞争力。

（2）安徽省水资源总量约680亿米^3。

（五）江西省

（1）江西省煤炭资源贫乏，但与江西省近邻的福建、广东、湖北、湖南、广西、浙江六省和皖南、苏南地区都属于缺煤地区。在上述省份中，江西省的煤炭储量仅次于湖南省，位居第二，煤炭资源相对具有一定优势。

（2）江西省水能资源丰富，境内河流众多，水系发达。

（3）江西省核能资源丰富，江西是全国的产铀大省，铀矿资源储量位居全国第一，已探明铀矿储量约占全国总储量的三分之一。

(4) 江西省风能资源总量充沛，属于第三类风能资源区，风能资源总储量约 6000 万千瓦。目前江西省风力资源利用水平还很低，利用小型风力发电机发电。

(5)江西省太阳能资源利用效率低下。存在一个相对集中的高值期和高值区，仅在特定时期和地区的太阳能资源比较丰富，其他时期和地区的太阳能资源较为贫乏。

(6) 江西省地热资源较多。虽然江西省温泉水温不高，发电效益较低，但江西省水资源丰富，具备发展水源热泵的条件。

三、中部五省能源资源禀赋综述

从各省能源资源禀赋数据可以看出，中部五省能源资源丰富，已经成为中国重要的能源基地。但中部五省资源禀赋又不尽相同，具体情况见表 1-1。

表 1-1 中部五省资源禀赋

省份	煤	石油	天然气	水力资源	太阳能资源
湖南省	缺	无	乏	丰富	丰富
湖北省	缺	少	乏	丰富	丰富
河南省	多	少	乏	匮乏	丰富
安徽省	富	少	缺	一般	丰富
江西省	缺	缺	少	丰富	丰富

从表 1-1 可以看出，湖南省缺煤、无油、乏气，水力资源丰富；湖北省缺煤、少油、乏气，水力资源丰富；河南省多煤、少油、乏气、水力资源匮乏；安徽省富煤、少油、缺气，水力资源一般；江西省缺煤、缺油、少气，水力资源丰富。各省均处于太阳能资源丰富区。总体而言，中部地区煤炭资源相对丰富，石油、天然气资源匮乏，水力资源则是湖北省、湖南省、江西省较为丰富。

新能源方面，中部地区新能源资源潜力评价见表 1-2。

表 1-2 中部地区新能源资源潜力评价

省份	总发电潜力	小水电	风能	太阳能	秸秆	粪便	木材废弃物	人均地区生产总值
安徽省	2	1	2	2	3	4	3	2
江西省	1	2	2	2	2	3	3	1
河南省	3	2	2	2	4	4	2	2
湖北省	2	4	2	2	3	3	4	3
湖南省	2	4	2	3	3	3	3	2

注：潜力评价值为 1～5 分，其中 5 分为满分

从表 1-2 中的数据可以看出，中部地区新能源资源总发电潜力较差，其中，河南省新能源资源发电潜力较好，江西省发电潜力最差。分行业来看，太阳能方面，湖南省太阳能资源潜力较好，中部地区其他省份太阳能资源潜力较差。

小水电方面，湖北省和湖南省水力资源丰富，小水电占绝对优势，安徽省小水电发展潜力最差。风能方面，中部地区资源潜力普遍较差。生物质能（指秸秆、粪便、木材废弃物等）方面，中部地区生物质资源潜力较好，其中，河南省资源潜力最好。

中部五省能源资源丰富，呈现“南北差异”格局，区内能矿资源品种多样。河南省的平顶山和焦作以及安徽省的淮北、淮南等地拥有丰富的煤炭资源。河南省的濮阳、南阳与湖北省的潜江等地是本区主要的油气产地。区内水资源储藏量大，以湖北省和湖南省为最优。从总体上看，能源矿产基本分布于北部，类似于全国煤矿资源南北差异的格局。水力资源基本分布于南部，呈南丰北欠的特点，类似于全国水资源的分布格局。

中部五省是全国重要的能源生产与输出地区，该地区最主要的是煤炭和水能以及煤层气资源。中部五省中河南省的煤炭产量占全国的 3.57%，安徽省也有淮北、淮南两大煤田。

中部五省位于第二级和第三级阶梯交界处，水能资源非常丰富，有湖北省的葛洲坝水电站和河南省的小浪底水电站。

中部五省的能源资源还有河南省、湖北省的石油及天然气资源，江西省、湖南省的太阳能资源，江西省、湖北省、湖南省的地热资源。

中部五省比较具有优势的能源品种依次是煤炭、水能、石油和天然气。其中河南省的煤炭资源最为突出；湖北省和湖南省水能资源明显强于其他几省。

1）煤炭资源

中部五省的煤炭基础储量约占全国的 40.85%。中部各省份的煤炭基础储量及排名依次是：安徽省 145.5 亿吨（第一位）、河南省 127.1 亿吨（第二位）、湖南省 20.4 亿吨（第三位）、江西省 7.8 亿吨（第四位）、湖北省 3.3 亿吨（第五位）。

中部五省已经初步形成以河南省、安徽省为基础的煤炭基地，从煤田的品位和品质来看，以河南省西部和安徽省的南部为最优，其煤炭品种齐全、煤质优良、位置适中、开发条件好。中部区域内其他省份的煤炭资源的优势相对较弱。

2）水能资源

中部地区水能资源丰富，是我国重要的水电工业基地。中部五省水能的理论蕴藏量为 5424 万千瓦，占全国的 8.1%。虽然所占份额不大，但由于这些江河水量丰富，落差较大，因此，水能资源的可开发装机容量占全国的比重相对较高。这一区域的水能可开发装机容量为 5564 万千瓦，约占全国的 14.7%。中部地区各省份的水能蕴藏量及排名依次为：湖北省 1823.13 万千瓦，占全国 2.7%（第一位）；湖南省 1532.45 万千瓦，占全国 2.3%（第二位）；江西省 682.03 万千瓦，占全国 1.0%（第三位）；河南省 477.36 万千瓦，占全国 0.7%（第四位）；安徽省 398.08 万千瓦，占全国 0.6%（第五位）。其中湖北省、湖南省都具有极其丰富的水能资源，尤其是湖北省的水能资源可开发量远高于全国平均水平。江西省、河南省水能蕴藏量与开发量比例都较低，具备比西部地区水能资源更便于开发的优势。

3）石油和天然气资源

中部地区在石油和天然气资源方面，以位于河南省的中原油田和河南油田最为著名，其次为江汉油田。中原油田地处河南省濮阳地区，经过几十年的勘探开发建设，已累计探明石油地质储量 4.55 亿吨，探明天然气地质储量 395.7 亿米^3，累计生产原油 7723 万吨、天然气 133.8 亿米^3。现已是我国中部地区重要的石油天然气生产基地之一。河南油田地处豫西南的南阳盆地，矿区横跨南阳、驻马店、平顶山三个地级市，分布在新野、唐河等八县境内。已累计找到 14 个油田，探明石油地质储量 1.7 亿吨及含油面积 117.9 千米^2。江汉油田是我国中南地区重要的综合型石油基地。油田主要分布在湖北省境内的潜江、荆州等七个市县和山东省寿光市、广饶县以及湖南省衡阳市，先后发现 24 个油气田，探明含油面积 139.6 千米^2、含气面积 71.04 千米^2，累计生产原油 2118.73 万吨、天然气 9.54 亿米^3。

第二节　中部地区经济发展的基本特点

将中部五省经济发展情况放置于全国范围内分析，分析 2017 年、2018 年两个年度中国各省区市的地区生产总值数据，在排名前 10 的省区市中，东部沿海地区广东省、江苏省、山东省、浙江省、河北省和福建省共占据 6 个席位，中部河南省、湖北省、湖南省占据 3 个席位，而西部地区仅有四川一个省份入围，东北三省全军覆没，中部地区稳居第二位。再看看排名前 20 的省区市，东部沿海地区占据 9 个，中部五省全部入围，西部 5 个，东北仅辽宁省入围。在前 20 名中，中部五省全部入围，西部虽然也有 5 个省市入围，但有 4 个省市位于 15 名之后，与中部有较大差距。东部沿海地区五省三市，2017 年地区生产总值达到 445 254 亿元，达到中国 2017 年国内生产总值的一半。中部五省 2017 年地区生产总值达到 164 438 亿元，西部三省一市地区生产总值为 98 775 亿元，东北辽宁省为 23 942 亿元。由此可见，中部五省经济总量和发展水平依旧稳居全国第二位。中部五省经济地区生产总值增速与全国平均情况对比如表 1-3 所示。

表 1-3　中部五省经济地区生产总值增速与全国平均情况对比表　（单位：%）

省份	2013 年	2014 年	2015 年	2016 年	2017 年
湖南省	10.1	9.5	8.5	8	8
湖北省	10.1	9.7	8.9	8.1	7.8
河南省	9	8.9	8.3	8.1	7.8
安徽省	10.4	9.2	8.7	8.7	8.5
江西省	10.7	9.7	9.1	9	8.9
全国平均	7.67	7.4	6.9	6.7	6.9

可见，中部五省 2013～2017 年地区生产总值增速均高于全国平均水平，中部五省经济发展在全国经济增长中起着积极的拉动作用。分析表明，中部五省的经济发展主要呈现以下基本特点。

1）中部五省经济正处于经济增长速度换挡期，生产总值以中高速水平增长

中部五省坚持稳中求进的工作总基调，坚持新发展理念，坚持以供给侧结构性改革为主线，牢牢把握推进高质量发展的根本要求，统筹推进“五位一体”总体布局和协调推进“四个全面”战略布局，扎实推进“建成支点、走在前列”“全面小康”建设，中部五省经济、社会发展取得新成绩。

中部五省经济增长速度高于国内平均水平，处于中高速水平增长。其中江西省在中部五省中增速最高，河南省增速在中部五省中最低，但各省增速总体处于下降趋势，如图 1-1 所示。

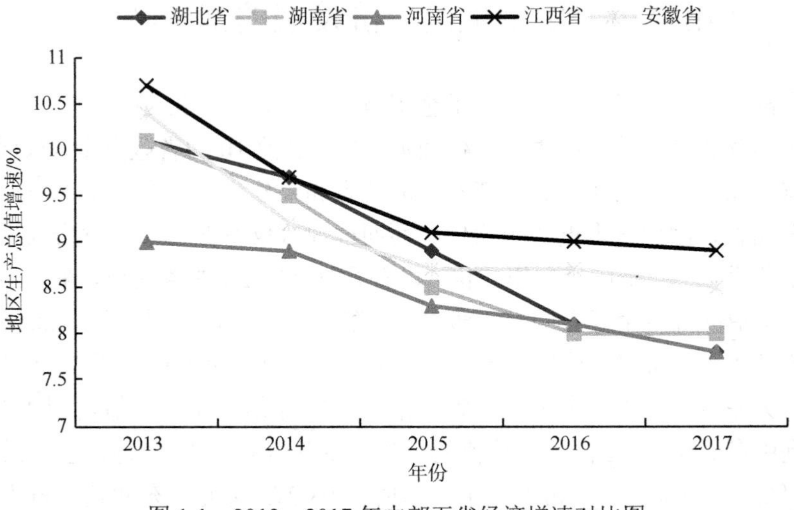

图 1-1　2013～2017 年中部五省经济增速对比图

分析原因在于，改革开放 40 多年来年均近 10%的持续高增长，把中部五省带到了国内第二大经济体。随着中部五省经济总量等基数增大，支撑中部五省经济发展的人力资源、自然资源以及制度安排和经济政策等要素正在发生变化，从劳动力、资本、技术进步等生产要素结构分析，从一、二、三产业结构分析，都可以看到，中部五省经济增长速度下降是经济发展的阶段性现象，中部五省经济增长速度换挡期是一个发生在实体经济层面上的自然过程。

2）中部五省经济处于结构调整期，重心逐渐偏向第三产业

近几年来国内各省市尤其是中部地区持续出现的雾霾污染天气，让人们认识到，经济发展与资源环境的矛盾日趋尖锐，加快转变经济发展方式和调整经济结构刻不容缓。而当前金融与经济数据的不同步现象，其主要根源也在于结构性问题。经济增速的放缓，以及国际金融危机的长期化、各国应对危机加快结构调整的积极成效，增强了我们用市场机制倒逼经济结构调整的紧迫感。为了化解过剩产能、优化产业结构，一些行业难免受到较大冲击，有些企业甚至会退出市场，这些不得不付出的代价就是结构调整中的“阵痛”。

在能源、资源和经济的多重压力下，中部五省从原有重工业、高能耗、发展外延式经济的重化工结构，经过两型社会建设和低碳城市试点，转向资源节约和环境友好型、发展内涵式经济，城市的产业结构进行了重大调整，实现了产业结构的全面优化与升级。

中部地区以第二产业为主，第三产业发展相对滞后，是典型的“二三一”模式，综合经济发展水平低。从各省一、二、三产业产值贡献率可以明显看出，伴随第一产业增加值实际比重不断降低，第二产业增加值实际比重稳步攀升。但是，第三产业增加值实际比重整体上无明显上升，伴随第二产业规模的迅速扩张，第三产业实际比重几乎没有增加，甚至在 2010～2013 年间出现下降情况，第二产业实际比重与第三产业实际比重之间的差距呈现出扩大趋势。这在一定程度上说明中部五省第二产业并没有带动第三产业的发展，中部五省经济仍然主要靠第二产业尤其是工业拉动。从 2016 年的实践状况来看，中部五省第三产业尤其是现代服务业发展严重滞后。以湖北省为例，2016 年第三产业占湖北省地区生产总值的比重较全国的平均水平低 6.9 个百分点，如图 1-2 所示。知识密集型和高附加值的现代服务业占比不高；以战略性新兴产业为引领的高新技术产业发展相对滞后，高新技术产业占工业主营业收入比重仅位居全国第 15 位；治理产能过剩压力大，钢铁、建材、石化行业转型困难。湖北省产业结构服务化、高端化和绿色化进度堪忧，实现产业结构调整和优化升级任重道远。就湖北省而言，其工业化发展初始时间较早，于洋务运动时期便已展开。湖北省汽车、纺织等产业所拥有的优势依旧明显稳定，与此同时省内第二产业的发展存在局限性，资源型以及粗放型的重工业生产占据较大比重。

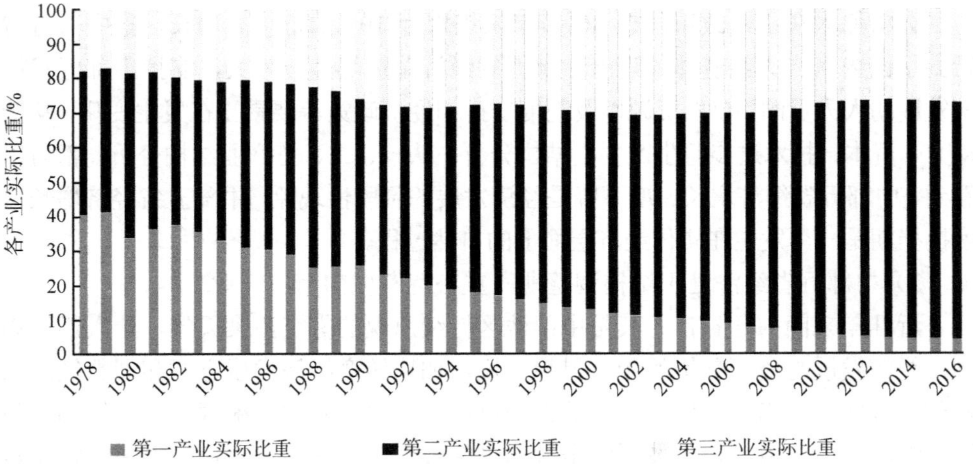

图 1-2　1978～2016 年湖北省三大产业增加值实际比重

3）中部五省经济处于前期刺激政策消化期，“去产能”重拳出击

2008 年全球金融危机爆发后，我国经济遭受巨大冲击。为扭转增速下滑过快造成的影响，政府及时采取拉动内需和产业振兴等一揽子刺激政策，推动经济增长迅速企稳回升，从 2008 年底到 2011 年初，刺激政策产生了好的效果，经济增速最高时达到了 11.9%，中国经济率先走出危机阴影，也对世界经济起到了“压舱石”的作用。这是非常时期的非常政策所产生的红利。从 2011 年第二季度开始，经济增速逐渐回落，一直延续到现在，都可以理解为进入了前期刺激政策的消化期。在这个阶段，虽然刺激政策逐步退出，但政策的累积效应和溢出效应还在发挥作用，对经济结构继续产生深远的影响，也使当期宏观政策的选择受到掣肘，调控余地大为缩小。

同时中部五省近年来“去产能”工作出重拳。以湖北省为例，去产能是供给侧结构性改革五大任务之首，钢铁、煤炭又是去产能重中之重。2016 年 2 月，国务院给湖北省下达任务，2016～2018 年，需化解钢铁过剩产能 299 万吨、煤炭过剩产能 800 万吨。2016 年湖北省压减过剩钢铁产能 338 万吨，淘汰落后钢铁产能 476 万吨，关闭退出煤矿 158 处，化解过剩煤炭产能 1011 万吨，提前两年超额完成国家下达的任务。三年任务一年完成，说明湖北省去产能执行力度大，效果明显。

第三节　中部地区社会发展的基本特点

一、中部地区社会发展的基本特点分述

（一）湖南省社会发展的基本特点

（1）湖南省经济总量稳步增长。

（2）湖南省城镇化加速推进。
（3）湖南省产业结构不断优化。
（4）湖南省教育和科学技术水平良好。
（5）湖南省居民收入稳步增长。

（二）湖北省社会发展的基本特点

（1）湖北省城镇化率持续走高。
（2）湖北省人口增长速度放缓。
（3）湖北省社会及健康保障进一步加强。

（三）河南省社会发展的基本特点

（1）河南省经济保持平稳增长。
（2）河南省发展质量效益不断提高。
（3）河南省不断提升开放水平。
（4）河南省加快推进城乡建设，促进城乡共同发展。
（5）河南省切实保障改善民生，社会大局保持稳定。

（四）安徽省社会发展的基本特点

（1）安徽省经济发展平稳。
（2）安徽省劳动力资源流出较多，人口红利分享不足。

（五）江西省社会发展的基本特点

（1）江西省城乡环境稳步提升。
（2）江西省人民生活持续改善。
（3）江西省经济平稳较快地发展。
（4）江西省大力加强基础设施建设、稳步提升绿色发展优势。

二、中部地区社会发展的基本特点综述

虽然中部地区整体经济实力持续上升，但中部地区内部差异形势依然非常严峻。目前我国已经提出促进中部崛起的战略，为实现中部地区的协调发展而努力。中部地区社会发展的基本特点如下。

（一）中部地区以传统产业结构为主，需加快各省产业结构调整

通过实证研究发现，目前中部五省的产业结构还属于传统的模式，基本处于“一”“三”低，“二”高的结构。农业还是五个省份的基础产业，工业为支柱性

产业，科技创新环节较为薄弱。通过分析我们发现，中部五省区域内部产业结构呈现趋同现象，五个省份的产业类型都比较相似。

中部五省应围绕产业结构升级展开工作。首先，可以从投资入手，逐步地调整和优化投资结构。吸引外资和区外资金到基础以及科技产业，并利用政策优势吸引他们，参与改造国企，促进区域的产业升级。政府方面，应该出台有利政策，扶持第三产业发展，并利用先进的技术改造传统产业。其次，推进企业转型。对待农业、工业型产业，应该鼓励其大力创新，转变企业生产方式，刺激产业升级，并且加大对高新技术产业的资金投入以及政策支持。例如，可以出台融资低利率等政策。最后，应该利用市场机制的作用：一是政府应该确保企业的成长环境是公正的。政府应该鼓励企业走市场体制下的道路。通过企业的创新转型改革，优化和提升地区的产业结构，从而使经济更好地发展；二是需要尽快建立一个中部五省间的区域性市场。在这个市场中，各个省份之间都可以进行新产品、新技术以及高端技术人员之间的无障碍交流，从而推进区域一体化发展；三是应该对企业市场退出机制进行完善。这样能从很大程度上保护地方企业，促进资源的最大化利用。

（二）中部地区经济增长依赖物质资本，应提高区域投资水平

物质资本的投入对中部区域经济增长有显著的提高效果。所以，要想促进中部五省各个省份的经济稳定且持续地增长，就应该想方设法地增加物力以及人力等各种资本的投入。2008～2018 年，五个省份的投资水平是在逐年上升的，增长速度也很快。

中部五省区域内部资本投入还存在着很大的差异，这种差异导致了区域经济差异的扩大。五个省份应该继续保持并增加工业产业以及高新技术产业的投资，同时保持对农业基础性产业的投资比例。从长远来看，可以减少区域内经济差异，促进协调发展。哪个地区高度开放，吸引更多投资，哪个地区就会经济发展快、竞争力强。作为政府，应该正确处理资本投资问题，引入优惠政策吸引资金。

首先，把引进外资放在首位。中国加入世界贸易组织后，外资流入总体状况不断好转。目前，沿海地区吸引外资的比例仍在上升。虽然国家出台了中部崛起战略，但外资利用的相对比例并没有大幅度增长，中部各地区的外资利用水平有较大差异。要发展开放型经济，中部五省必须把外资作为优先事项。其次，鼓励外商在中部五省的再投资，并且吸引沿海地区大公司的扩张性投资。目前，东部沿海地区向中西部地区外商投资流动的迹象反映，沿海地区的制造业也开始从中西部地区寻找商机。最后，应大力吸引该地区的民间资本投资。除了外资、外商投资以及再投资外，民间资本也是不可忽视的力量。引导民间资本投资，对于中部五省而言，可以弥补其受自然条件、经济发展程度的制约。同时可以弥补其吸引外资相对困难的弱势。因此，如何吸引外地和本地资本的投资，成为政府应着重关注的问题。

（三）中部地区教育资源丰富，应大力发展教育，增加人力资本积累

近年来，中部五省都越来越重视基础教育，教育资源明显丰富。特别是城市许多适龄儿童基本可以享受基础教育。但与其他教育发达的省市相比，中部五省的基础教育资源较为匮乏。具体体现如下：第一，中部五省整体基础教育资源不充足。根据人口调查的结果，五个省份每年新增儿童人数都非常多。然而，目前五个省份的基础教育资源可为大约 80%的学龄儿童提供基础教育。五个省份的大多数基础教育机构不得不超额接收学生，这就影响了其对学生教育的质量。第二，教育机构的教育质量良莠不齐，良好的教育资源不足。目前，五个省份之间、省份的城市之间以及乡镇之间的基础教育质量都存在较大差别。优秀的教育资源，如优秀的教师资源和基础教育优良的硬件的分配基本都集中在一起。一些地区出现招生难问题，而另一些地区则出现入学难问题。

在欠发达地区，人才是最紧缺的资源。因此，应通过人力资源开发和合理利用来促进区域经济发展。首先，要重视基础教育，加大公共教育投入，特别是加大农村、乡镇地区的教育投入和基础教育设施建设力度。其次，要加快落后地区高校的建设，通过分析可以发现，河南省人力资源质量要低于其他省份，其余省份可以支持河南省落后地区的高等院校建设，使中部五省高等教育资源逐步均衡起来。再次，要加大地区间的人才流动，中部五省的中心城市拥有大量的高等人才，政府间要加强协作，通过各种优惠措施让高等人才不断地流入，促进当地经济发展。最后，创新教育模式。政府应该积极指导学校教学、考试以及升学制度的改革。改变一考定终身的状况，对特定领域的人才实行优待政策。鼓励优秀人才“走出去”学习先进的理念，并“带回来”，最终促进中部五省区域经济的发展。

（四）中部地区开放程度在全国处于不利地位，应提高市场化程度

中部五省的开放程度在全国处于不利地位，为推动经济市场的市场化改革，应注意以下几点：首先，政府应该尽量减少对经济的干预，使资源按照市场需求进行配置，以避免资源的错配导致经济增长停滞甚至后退；其次，政府在引导非国有经济发展时，应该出台政策取消限制，尤其是对中小企业融资的限制，解决企业贷款难的问题，从而促进资源的更优化配置；最后，同步各个区域的市场化步伐。由于地理位置条件、执行政策等诸多因素的存在，中部地区市场化程度差距逐渐加大。这种差距不仅影响着该地区的生产和生活，而且制约了中央经济的全面发展。因此，有必要尽快推动中部地区的市场化改革。政府应该为市场创造相应的发展环境，制定并实施针对企业的优惠政策，促进市场化改革的进程。

（五）中部地区区域内联动不强，应促进区域经济一体化

中部地区要依靠现有基础提升产业水平，促进工业化和城市化，成功发挥其

地理位置的优势推进产业发展。首先，加强第一产业现代农业的开发建设。提高各种农副产品的生产效率及产量，提高农产品加工水平。另外，河南省和安徽省应加强大中型煤炭基地的建设，发展低污染煤电基地。其次，加快第二产业钢铁、化工、建材等优势产业结构调整，形成优质原材料基地。鼓励发展软件、新材料、新能源工程等高科技产业。在基础设施领域，发展综合交通运输体系，主要包括铁路和高速公路、港口和地区机场的建设。最后，加强物流中心建设，完善市场体系。首先要制定好中部五省统一的规划路线图，各省可在中部区域发展规划的基础上结合自身的区域特性进行发展战略的选择。近些年来，中部五省各省的发展战略有明显的分化趋势，如湖南省的发展战略明显趋向于珠三角地区。这种政策上的变化使区域之间的差异更加加剧，各省之间互帮互助、合作发展的意识变弱。所以，首先应该增强五个省份之间的合作意识。其次，中部地区市场广阔，每个省份在中部区域均可找到自己产品所需的需求方和供给方。资本、产品、人资怎样在五省之间自由流转是发展重点需要解决的问题，五省的政府应出台政策鼓励资本要素的相互间流通，促进五省构建统一的产品市场，将所有要素的利用达到最大化。最后，成立专门协调五省经济发展、减小五省经济差异的工作小组，专门处理区域经济发展过程中产生的问题。例如，可以定时联合五省领导举办说明协调发展现状的会议，明确目前各省发展出现的问题，共同讨论促进发展的对策，制定发展方针，统一部署发展战略，对各省的经济发展方向进行定位，避免出现五省间行业的恶性竞争，最大限度地促进五省资源的合理化利用。

第四节　中部地区生态环境的基本特点

中部地区生态环境条件优越，自然资源、生物资源和矿产资源丰富；大部分地区属暖温带-亚热带、湿润-半湿润季风气候，夏季炎热且雨量丰沛，秋季晴和日照充足。复杂多样的土地类型和良好的土地条件为农、林、牧、渔业的综合发展提供了十分有利的条件。区域内地层齐全，地质构造复杂，成矿条件优越。总体来看，中部地区资源基础和生态环境基础较好，生态环境呈多样性和可修复性，但生态环境现状仍暴露出诸多问题。

首先，虽然区域内资源丰富，但人均资源量却低于全国平均水平，如人均水资源量仅为1556米^3，远低于全国平均水平。其次，追求经济利益而毫无规划的开采方式导致资源型城市的可持续开发能力相对较弱，且对生态环境造成一定压力。另外，工业化进程的推进和城市人口密度的不断增高带来了一系列的环境污染问题，区域内生态环境压力逐步增高。虽然区域内各地政府正在大力整治环境污染，其成效也十分明显，但中部地区仍然面临着较大的自然威胁以及较严重的城市生态环境污染。

从中部地区生态环境变化趋势来看，2006～2016年，中部地区生态环境得分整体上呈先波动下降再缓慢升高的变化趋势，如图1-3所示。从生态压力、生态状态和生态响应等表征生态环境水平的各分量得分来看，呈现出各自不同的变化特征。其中，生态压力得分呈快速下降趋势，至2012年达到最低值0.151，之后快速提升到0.498后稳步下降；生态状态得分变化较为稳定，整体呈上升趋势，2016年约为0.688；生态响应得分整体上呈不断上升趋势，2006～2014年由0.052提高到了0.836，但2015年和2016年有所下降。从中部地区生态环境及其分量得分变化趋势中可以得出，生态环境综合发展水平变化较分量变化幅度小，且变化较为稳定，生态压力水平逐年降低是阻碍生态环境综合发展水平提高的主要因素，生态响应水平不断提高是生态环境质量改善的主要动力。

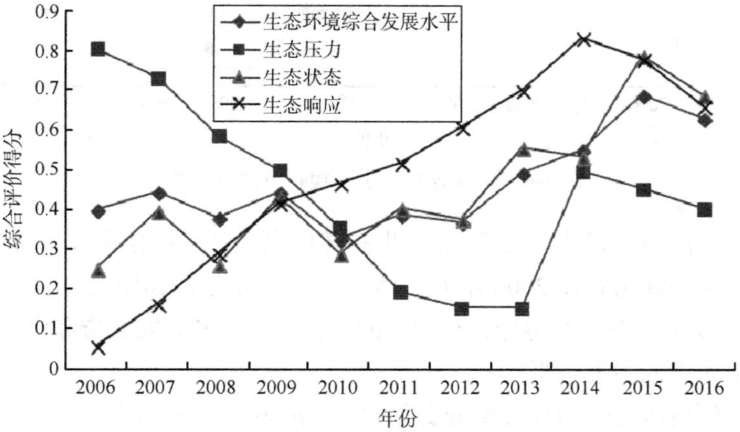

图1-3 中部生态环境水平及准则层指标得分变化趋势

十年来，中部地区在社会、经济高速发展的同时，提高了对生态环境的保护力度、对环境整治力度和可持续发展能力，坚持开发与节约并举，使生态环境响应水平逐步提高。但长期以来，中部地区面临的生态环境问题依然严峻，虽然政府在生态环境保护方面做出了很大的努力，但生态环境的压力却依旧呈逐年增大趋势，阻碍了城市生态环境水平的提升。国家对生态环境问题的不断重视，使中部地区生态环境的问题从源头上得到了有效的治理。2014年中部地区生态环境压力骤然减少，这就意味着中部地区生态环境问题已经得到了有效缓解。然而，目前中国正处于增长速度换挡期、结构调整阵痛期和前期刺激政策消化期“三期”叠加的关键时期，中部地区既要保证经济的平稳发展，又要保护生态环境不受污染并改善人民生活，要完成这一任务，还需要付出更大的努力。

从各省生态环境得分的时空演变特征来看（图1-4），中部各省的生态环境得分在时序变化上相对比较稳定，但在空间分布上存在较大差异。在时序演变上，中部各省生态环境平均得分由0.411提升到了0.481，整体上升幅度并不大。其中湖北省变化较为明显，得分由波动上升变为稳定上升，由 2006 年的 0.322 上升到了 0.448，提高了 0.126；其次湖南省得分提升幅度也较为明显，由 0.422 提高到了 0.522，提高了 0.1，呈现出先波动下降，后加速上升趋势。其余各省得分呈波动上升态势，变化较为平稳。

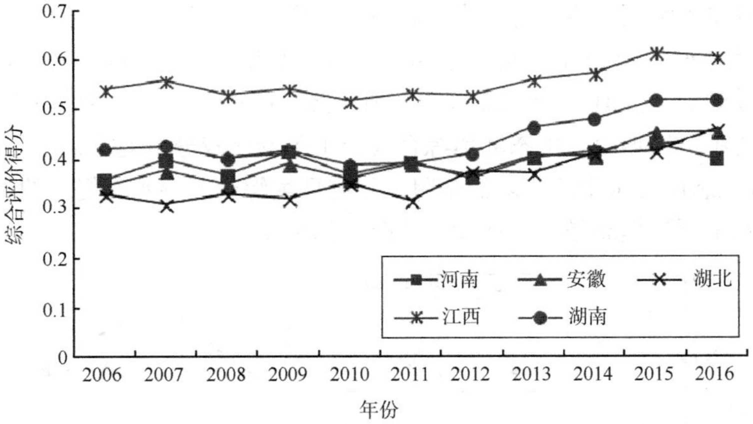

图 1-4　中部各省生态环境得分变化趋势

十年来，江西省得分均大于 0.5，生态环境水平“一枝独秀”，一直处于中部地区领先地位；湖南省在 2006 年处于第二梯队，而到了 2016 年，湖南省得分提升明显。2006 年生态环境得分相对较低的省份为河南省、安徽省和湖北省，2016 年湖北省率先进入中等水平区。

从生态环境压力子指标层得分变化来看，2006～2016 年中部五省的生态压力由 0.332 下降到了 0.261，降幅明显，说明这期间各省所受的生态环境压力正在增大。在发展趋势上，自 2006 年以来，各省生态压力得分正在逐步下降；至 2013 年，生态压力得分降低的趋势被遏制，部分省份甚至出现了反弹。说明自实施新的生态文明建设以来，各省对污染源的治理取得了一定效果，如图 1-5 所示。

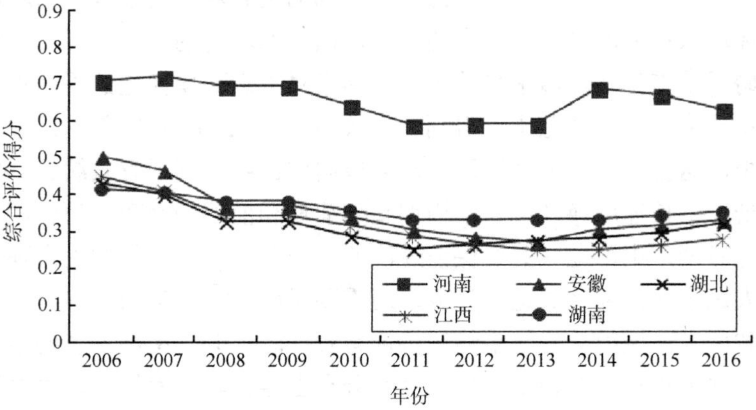

图 1-5　中部各省生态压力得分变化趋势

空间上，河南省的生态压力得分较高，其余省份变化差异不大。河南省为人口密集省份，虽然资源消耗和废弃物排放总量较大，但人均水平较低。其余各省生态压力得分相近，差距不大。从生态环境状态得分变化情况来看，中部地区各省份之间存在比较明显的空间差异，但各省变化稳定，波动不大。从空间差异上来看，中部各省生态环境状态差异较大，发展最好的江西省平均得分为0.643，而发展最差的河南省仅为0.226，高低分之差几乎为河南省得分的两倍；得分排名第二的湖南省平均得分为0.474，也与得分最高的江西省相差0.169分，可见江西省的优势之大；并且近年来各省间差距呈现出逐步增大的趋势。

表1-4给出了2003～2015年中部五省、中部综合和全国环境规制强度水平。

表1-4 中部五省环境规制强度

地区	2003年	2004年	2005年	2006年	2007年	2008年	2009年	2010年	2011年	2012年	2013年	2014年	2015年	均值	排名
安徽	5.233	5.380	5.449	5.507	5.649	5.925	5.969	6.204	6.421	6.630	6.676	6.807	6.889	6.057	1
湖北	5.105	5.189	5.164	5.276	5.491	5.693	5.894	6.129	6.337	6.598	6.789	6.943	7.054	5.974	2
江西	4.863	4.888	5.069	5.097	5.258	5.497	5.684	5.868	5.998	6.203	6.384	6.561	6.542	5.686	5
河南	5.160	5.336	5.369	5.479	5.612	5.893	5.941	6.111	6.237	6.363	6.547	6.693	6.813	5.966	3
湖南	4.747	4.900	4.985	5.275	5.486	5.740	5.895	6.142	6.249	6.569	6.645	6.845	7.015	5.884	4
中部综合	5.004	5.136	5.220	5.333	5.508	5.756	5.874	6.077	6.246	6.458	6.568	6.706	6.810	5.900	—
全国	5.088	5.212	5.258	5.422	5.642	5.862	6.009	6.188	6.381	6.544	6.712	6.841	6.971	6.010	—

由表1-4分析可知中部地区总体环境规制强度逐年上升，从2003年的5.004上升到了2015年的6.810，年均增长率为2.6%，但始终低于全国平均水平。这在一定程度上说明中部地区的经济增长仍然停留在粗放式的发展方式上，相较于国内其他地区，中部地区的地区生产总值增长是建立在较高排放、较高污染的基础上的，各城市更愿意用较低强度的环境规制来换工业企业的投资和发展。从各省的环境规制强度指数来看，从高到低依次为安徽6.057、湖北5.974、河南5.966、湖南5.884、江西5.686。可以看到，各省的环境规制强度大多低于全国平均水平，仅有安徽省的环境规制强度高于全国平均值。因此，中部地区亟待转变传统的经济发展方式，加强环境规制强度，坚持绿色发展道路。

第五节 中部地区能源供需的基本特点

一、湖南省能源供需的基本特点

（一）能源资源禀赋不足，能源生产以原煤、电力为主

湖南属于能源资源相对短缺的地区，煤炭资源少，石油、天然气缺乏，但水

资源较丰富，页岩气等新兴能源储量较多。目前所有原油和天然气都需要进口或从外省调入。

能源储藏方面，湖南省含煤总面积约 5 万千米 ^{2}，煤炭资源居全国 18 位，在全国范围内储量相对偏少，但在江南诸省中相对较丰富。全省累计查明煤炭资源储量 4 025 764 千吨，其中消耗 1 067 721 千吨，占累计查明总量的 26.52%。2015 年底，全省保有煤炭资源储量 32.8 亿吨，矿井已利用约 13.0 亿吨，尚未利用 19.8 亿吨，全省煤炭人均可采储量仅为全国平均水平的 28.8%。

生产供应方面，2005 年全省一次能源生产总量为 5758.6 万吨标准煤，其中原煤为 4849 万吨标准煤，占比 84.2%；2010 年全省一次能源生产总量为 8005.9 万吨标准煤，其中原煤为 5836 万吨标准煤，占比 72.9%；2015 年全省一次能源生产总量为 4938.4 万吨标准煤，其中原煤为 3003 万吨标准煤，占比 60.8%，如图 1-6 和图 1-7 所示。

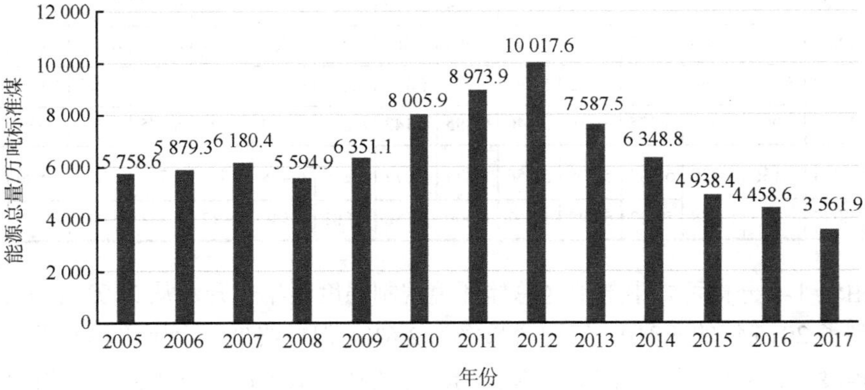

图 1-6　2005～2017 年湖南省一次能源生产总量

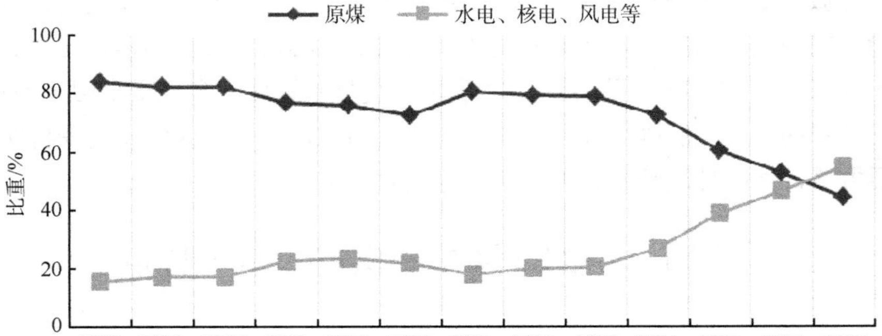

图 1-7　2005～2017 年湖南省一次能源生产占比

（二）能源消费结构不均衡，能源消费量逐渐增加

湖南省以煤品燃料和电力为主，初步构建了以煤品燃料为主体，电力为中心，石油天然气和可再生资源全面发展的能源格局。2012 年，湖南省煤品燃料和电力消费量分别为 10 179.1 万吨标准煤和 1345.22 亿千瓦・时，其中煤品燃料消费量占全社会能源消费总量的比重高达 60.8%；可再生能源消费量达 2523.01 万吨标准煤，水电占比最高，达到 79.78%，太阳能、风能、生物质能等可再生能源占比很低。但是随着新能源的增速发展，全省煤炭消费占一次能源消费比重逐渐下降，从 1980 年的 71.4%下降至 2015 年的 59.9%。在“十二五”末期，全省煤品燃料年消费量为 0.93 亿吨标准煤，其中煤品燃料消费量占比为 59.9%；油品燃料消费量为 2486 万吨标准煤，占比 16.1%；天然气消费量为 353 万吨标准煤，占比 2.3%；水电、核电、风电和其他能源消费量为 3361 万吨标准煤，占比 21.7%，如表 1-5 所示。

表 1-5　湖南省 1980～2017 年能源消费结构

年份	能源消费总量/万吨标准煤	煤品燃料/%	油品燃料/%	天然气/%	水电、核电、风电和其他能源/%
1980	2 099.0	71.4	13.4	0.0	15.2
1990	3 821.4	72.6	10.3	0.0	17.1
1995	5 425.6	75.5	9.3	0.0	15.2
2000	6 171.0	71.5	10.4	0.0	18.1
2005	9 709.3	68.5	12.9	0.7	17.9
2010	14 852.2	62.9	11.1	1.1	24.9
2011	16 160.9	65.2	11.0	1.3	22.5
2012	16 744.1	60.8	11.2	1.5	26.5
2013	14 918.5	60.7	14.4	1.8	23.1
2014	15 316.9	58.1	14.6	2.1	25.2
2015	15 468.6	59.9	16.1	2.3	21.7
2016	15 804.4	58.8	16.7	2.4	18.2
2017	16 171.3	62.6	16.3	2.2	16.2

从能源消费总量上看，在“十二五”期间，随着社会经济的不断发展，湖南省能源消费总量达到新的历史高度。“十二五”中后期受经济增速下滑、产业结构调整、节能降耗政策落实、能源领域供给侧结构性改革等多方面因素的影响，全省能源消费总量有所回落。至“十二五”末期，全省一次能源年消费总量达到 1.55 亿吨标准煤，比 1980 年的 0.21 亿吨标准煤增长了约 6.4 倍，年均增长 5.9%。其中，2015 年全省煤炭消费量为 11 142 万吨标准煤，火电用煤 2920 万吨标准煤；全社会用电量为 1148 亿千瓦・时。到 2017 年，湖南省能源消费总量已经达到 16 171.3 万吨标准煤（表 1-6），同比 2016 年增长 2.32%，能源消费弹性系数达 0.29。

表 1-6　2008～2017 年湖南省能源消费总量　（单位：万吨标准煤）

年份	总量	原煤	原油	天然气	电力
2008	12 355.31	8 154.3	1 359.0	110.4	2 223.9
2009	13 331.04	8 665.1	1 497.0	135.9	2 188.9
2010	14 852.24	9 339.0	1 560.1	157.4	2 254.5
2011	16 160.86	10 535.2	1 779.3	203.6	2 338.4
2012	16 744.08	10 182.0	1 878.6	249.4	2 993.8
2013	14 918.51	10 928.4	2 047.6	272.2	2 465.6
2014	15 316.84	8 896.0	2 230.1	324.7	2 364.9
2015	15 468.61	9 268.7	2 485.8	352.6	1 938.2
2016	15 804.44	9 286.6	2 637.7	376.1	2 084.6
2017	16 171.30	10 121.6	2 629.4	359.0	1 974.5

（三）电力消费水平显著提高

近十几年来，伴随着社会经济和电力需求的快速发展，湖南省电力消费水平显著提高。“十一五”期间全省电力需求增速很快，全社会用电量从 2005 年的 674.4 亿千瓦·时增至 2010 年的 1171.9 亿千瓦·时，年均增长 11.7%；“十二五”期间全省电力需求增速放缓，2015 年全社会用电量为 1447.6 亿千瓦·时，年均增长 4.3%。2016 年，湖南省全社会用电为 1485.7 亿千瓦·时，同比增长 2.6%，比 2005 年累计增长 1.2 倍，年均增长 7.44%。2005～2017 年湖南省全社会用电量如图 1-8 所示。

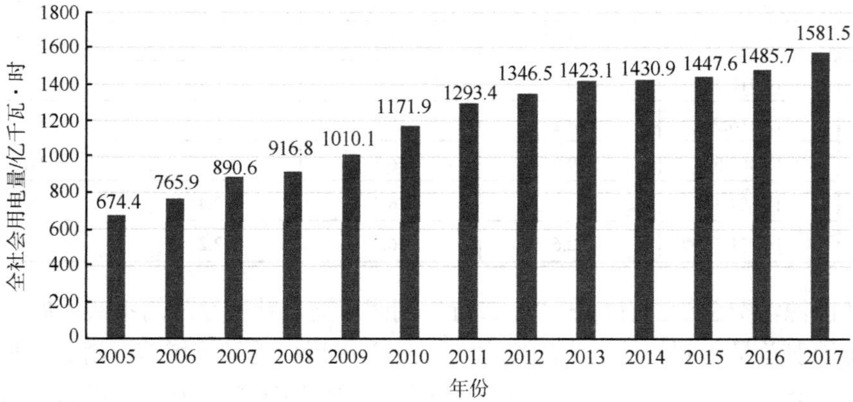

图 1-8　2005～2017 年湖南省全社会用电量

（四）能源供需缺口大，供给结构不平衡

湖南省是煤炭消费大省，煤炭自给能力不足，长期需要从外省调运。2015 年，湖南省煤炭产量约 3650 万吨，仅为峰值时的四成左右，而当年煤炭消耗量为 11 142

万吨，自给率降至大约 30%。而在“十二五”末湖南省煤炭调入量为 7542 万吨；湖南省电网发电量 1254 亿千瓦·时、省外购电 145 亿千瓦·时；天然气管道供应能力从 19 亿米^{3}提高到 49 亿米^3，成品油管道输送能力达到 1230 万吨。2005～2017 年湖南省一次能源生产总量与外省市调入量如表 1-7 所示。

表 1-7　2005～2017 年湖南省一次能源生产总量与外省市调入量

年份	一次能源生产总量/万吨标准煤	一次能源外省市调入量/万吨标准煤
2005	5 758.59	4 679.11
2006	5 879.27	4 949.99
2007	6 180.38	6 133.75
2008	5 594.87	6 653.40
2009	6 351.05	6 608.46
2010	8 005.86	8 352.74
2011	8 973.85	8 719.93
2012	10 017.64	7 962.79
2013	7 587.52	8 213.91
2014	6 348.84	9 311.87
2015	4 938.36	10 479.34
2016	4 458.56	11 484.08
2017	3 561.93	12 784.32

到 2020 年，全省一次能源生产总量约为 4200 万吨标准煤，能源对外依存度为 77.7%，煤炭产能控制在 2500 万吨左右，煤炭自给率为 18.5%。全省电力总装机（含在建）达到 5087 万千瓦，其中火电（煤电、气电、余热余压等）2455 万千瓦、水电 1887 万千瓦（含抽水蓄能）、新能源（风电、光伏、生物质等）发电装机 745 万千瓦。

二、湖北省能源供需的基本特点

（一）原油、天然气和电力的供应保障能力显著提升

“十二五”期间，湖北省经济社会持续健康地发展，发展速度较快，能源消费也随之增长。2015 年湖北省一次能源消费总量为 1.64 亿吨标准煤，电力消费为 1665 亿千瓦·时。湖北省电力装机总规模达到 6410.8 万千瓦。“十三五”以来，湖北省能源供给能力进一步加强。截至 2017 年底，湖北省发电总装机容量为 7124.48 万千瓦，发电量为 2645.58 亿千瓦·时，可再生能源发电量为 1607.08 亿千瓦·时，其中，水电为 1493.71 亿千瓦·时、风电为 48.32 亿千瓦·时、光伏发电为 28.21 亿千瓦·时、生物质发电为 36.84 亿千瓦·时。其中，非化石能源发电量、水力发电量均居中部五省第一位。2018 年湖北省累计发电 1256.78 亿千瓦·时，同比增长 8.57%，全社会用电量 954.87 亿千瓦·时，同比增长 11.08%。

（二）新能源发电的发展进程加快

2017 年，我国可再生能源电力消纳比重为 26.5%（不含港澳台），湖北省为 43%，高出全国平均水平，且位列全国各省第九，如图 1-9 所示。2017 年，中南地区新增风电装机容量占全国 23%，远远高出 2016 年的 13%的份额，可见中南地区风电发展迅猛。2010～2015 年，湖北省的电力装机规模年均增长 5.5%，其中火电年均增长 7.2%，水电年均增长 3.4%，风电年均增长 88%，光伏年均增长 170%，如图 1-10 所示。由此看出，湖北省电力供应能力不断增强，新能源发电发展迅猛。2017 年全年风电新增并网容量 37.65 万千瓦，光伏电站新增并网容量 237.98 万千瓦，截止到 2017 年底，全省建成新能源装机 740 万千瓦，新能源并网装机占全省发电总装机容量的 10.4%。新能源年发电量 113 亿千瓦·时，占全省发电量的 4.3%、占全省全社会用电量的 6.1%。油品质量进一步升级，2017 年 1 月 1 日起全省全面推广使用国五标准车用汽柴油，7 月 1 日起全面供应硫含量不大于 50×10^{-6} 的普通柴油，11 月 1 日起全面供应硫含量不大于 10×10^{-6} 的普通柴油。加强电力绿色调度，通过采取火电差别电量计划、全额收购水电等可再生能源、需求侧管理等手段，全年减少电煤消耗约 600 万吨。

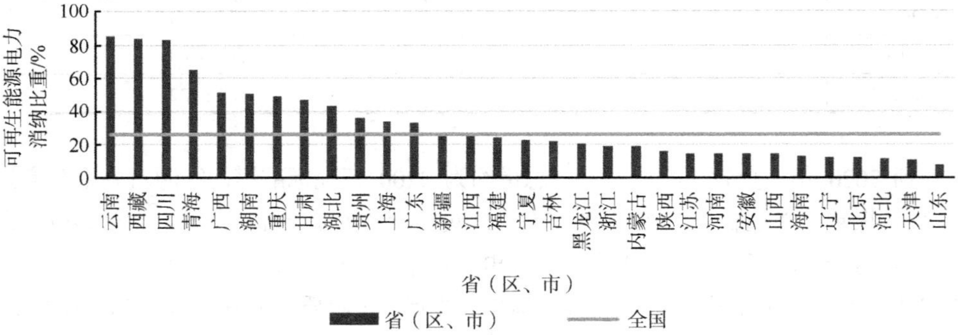

图 1-9　2017 年各省（区、市）可再生能源电力消纳情况

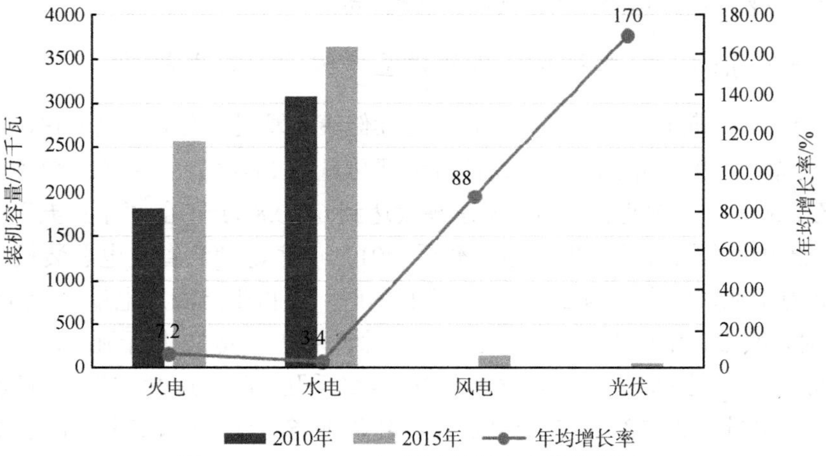

图 1-10　2010～2015 年湖北省电力装机情况

（三）电力体制改革为主的能源供给侧结构性改革持续深化

湖北省正在贯彻落实国家防范煤电产能过剩风险政策，2017 年缓建了 538 万千瓦大型煤电，淘汰关停了落后小机组 27.6 万千瓦。电力直接交易“降成本”成效显著，2017 年全省直接交易签约电量 351.44 亿千瓦·时，全年可为用户节约电费支出 14 亿元。农网补短板力度加大，2017 年，全省农网总投资完成 120 亿元，全省农网存量低电压和供电卡口问题基本解决。加快推进煤矿关闭退出，2017 年，全省关闭煤矿 31 处，去产能 207 万吨。

（四）湖北省为典型的能源输入性地区，“缺煤、少油、乏气，水电资源开发有限”

湖北省煤炭调入量占煤炭消费量的 90%以上，石油剩余可采储量仅占全国的 0.8%，原油调入比例达 88.5%，水能资源开发率已超过 90%，进一步开发潜力有限。湖北省是“缺煤、少油、乏气”的能源短缺大省，煤炭资源发热量较低，含硫量较高，资源量少，开采效率低下，煤炭产量难以提高，一直处于需求大于供给的状态。2017 年，湖北省统调电厂调运电煤 2774.77 万吨，耗用电煤 3780.26 万吨。这与湖北省煤炭资源缺乏、工业生产煤炭需求大有关，湖北省煤炭供给远不能满足省内煤炭消费需求，超额需求只能依赖省外煤炭调入，2013～2017 年湖北省一次能源生产量如图 1-11 所示。石油、天然气消费大，主要依赖省外调入。水电资源可开发量位居全国第三位，然而主要水电厂由国家分配资源，本省所占消费量过小。

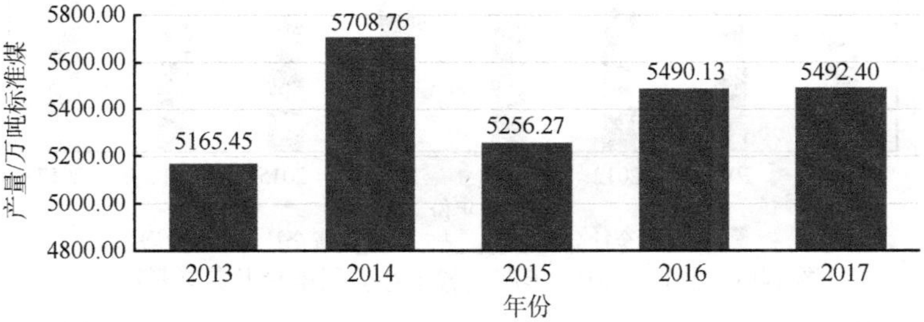

图 1-11　2013～2017 年湖北省一次能源生产量

（五）湖北省电力供需形势总体宽松

湖北省的电力供应满足全省用电需求，随着用电量的增加，发电量也在不断增多，且发电量一直高于用电量，这就表明了湖北省的电力供需形势整体比较宽松，如图 1-12 所示。2016 年、2017 年全省全社会用电量保持着年均 6%的增长速度。工业用电增速加快，主要依靠制造业用电快速增长的拉动。2017 年湖北省工业用电量为 1168.56 亿千瓦·时，增长 4.81%，高于 2016 年同期 2.89 个百分点。从工业用电内部结构看，轻工业用电 171.15 亿千瓦·时，增长 9.32%；重工业用电 997.41 亿千瓦·时，增长 4.07%，轻重工业用电比为 14.6∶85.4，轻工业用电占比高于 2016

年同期 0.6 个百分点。除工业外，2017 年全社会其他行业用电普遍增长，其中建筑业增长 10.35%，交通运输业增长 15.48%。2016 年，居民生活用电增长率也达到了 12.9%，增长率处于近几年较高的水平。2010～2017 年湖北省全社会用电量及其增长率如图 1-13 所示，2006～2016 年居民生活用电量及其增长率如图 1-14 所示。

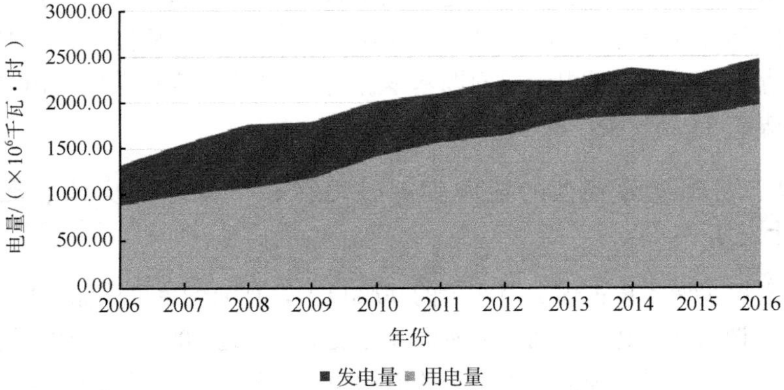

图 1-12　2006～2016 年湖北省发电量与用电量对比

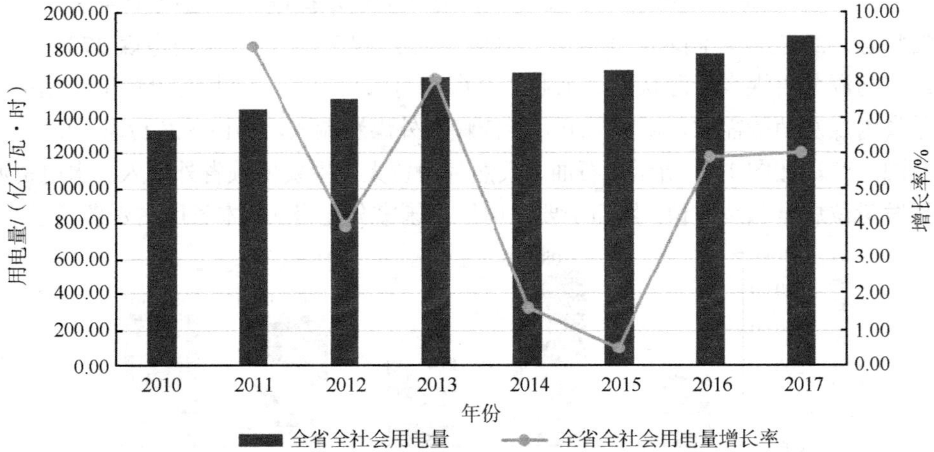

图 1-13　2010～2017 年湖北省全社会用电量及其增长率

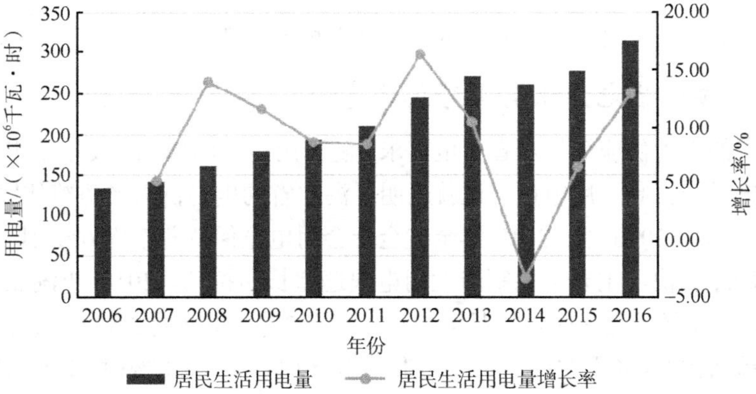

图 1-14　湖北省 2006～2016 年居民生活用电量及其增长率

（六）煤炭占湖北省能源消费结构中的主导地位

煤炭在湖北省的能源消费结构中依然占据绝对的主导地位，主要是由煤炭在发电、钢铁、供热、煤化工等工业领域中的巨大需求造成的。2017 年，全省天然气消费 52.5 亿米^3，其中，调入天然气约 50.9 亿米^3，占全省消费量的 96.95%。

三、河南省能源供需的基本特点

（一）能源生产量近年来逐年下降

1）能源生产量先升后降，近期降幅明显

“十五”和“十一五”期间，河南省能源生产总量稳步增长，由 2000 年的 6591 万吨标准煤增长至 2010 年的 17 438 万吨标准煤，年均增长 10.2%。“十二五”以来，受全省经济发展转型、供给侧结构性改革持续推进、大气污染防治、煤炭市场不景气及油气资源枯竭等因素影响，能源生产量下降，河南省一次能源生产量总体呈下降趋势，“十二五”期间年均下降 8.4%，2015 年全省能源生产总量为 11 231 万吨标准煤，仅为 2010 年总量的 64.4%。

2）煤炭在能源生产结构中一直保持较高水平

从能源生产结构看，河南省煤炭生产占比较高。“十二五”以来，全省煤炭生产占能源生产总量的比重呈下降趋势，2015 年下降至 89.3%，较 2010 年降低了 3.1 个百分点。“十二五”期间，河南省油气产量呈下降趋势，由 2010 年的 802.1 万吨标准煤下降至 2015 年的 644.4 万吨标准煤，年均下降 4.3%。油气生产受可开发资源不足的制约，在河南省能源生产结构中的占比始终偏低，油气生产占能源生产的比例变动较小，2010 年占比 4.6%，至 2015 年占比 5.7%，见表 1-8。

表 1-8 河南省能源生产结构 （单位：%）

年份	煤炭占比	油气占比	非化石能源占比
2010	92.4	4.6	3.0
2011	91.3	4.8	3.9
2012	90.2	6.1	3.7
2013	90.6	5.7	3.7
2014	89.8	6.3	3.9
2015	89.3	5.7	5.0

（二）能源消费随着经济发展快速增长

1）能源消费增长速度较快，近期增速放缓

2000～2010 年河南省能源消费增速较高，2003 年和 2004 年增速分别达到

17.7%和 23.4%，能源消费弹性系数均值为 0.87。2011 年以来，随着河南省经济发展转型和大气污染防治、节能减排等政策措施的不断推进，全省能源消费增速明显放缓，2011～2015 年年均仅增长 4.5%，能源消费弹性系数仅为 0.47，见图 1-15。

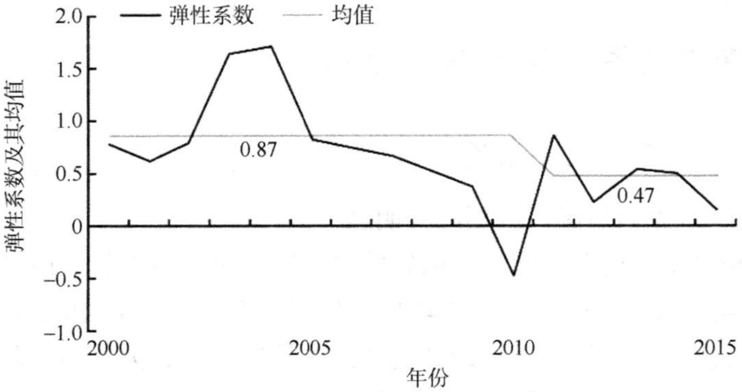

图 1-15　河南省能源消费弹性系数及其均值

2）河南省能源消费结构不断优化

“十五”以来，河南省煤炭消费总量占比总体呈下降趋势，由 2000 年的 87.6%下降到 2015 年的 76.5%；油气消费量稳步增长，由 2000 年的 895 万吨标准煤增长至 2015 年的 4087 万吨标准煤，年均增长 10.7%，占一次能源消费的比重也呈上升趋势，从 11.3%上升到 17.6%；非化石能源占比从 1.1%上升到 5.9%。随着石油、天然气及非化石能源在能源消费中的比重逐渐提高，煤炭在河南省一次能源消费结构中的占比有所下降，但仍保持较高水平，见表 1-9。

表 1-9　河南省能源消费结构　（单位：%）

年份	煤炭占比	石油占比	天然气占比	非化石能源占比
2000	87.6	9.6	1.7	1.1
2005	87.2	8.7	2.2	1.9
2010	82.8	9.3	3.4	4.5
2015	76.5	13.1	4.5	5.9

2015 年，河南省一次能源消费总量为 23 161 万吨标准煤，占全国能源消费总量的 5.4%。煤炭、石油、天然气和非化石能源占一次能源消费的比重分别为 76.5%、13.1%、4.5%和 5.9%。与全国平均水平相比：煤炭占比高于全国 12.5 个百分点，石油占比低于全国 4.9 个百分点，天然气占比低于全国 1.5 个百分点，非化石能源占比低于全国 6.1 个百分点。能源结构调整任务艰巨，见图 1-16。

（a）河南省　　（b）全国

图 1-16　河南省与全国一次能源消费结构对比

从能源品种来看，2015 年河南省煤炭消费 17 711 万吨标准煤，同比下降 0.37%，占全国煤炭消费总量的 6.44%；石油消费 3040.2 万吨标准煤，同比增长 5.81%，占全国石油消费总量的 3.91%；天然气消费 1046.8 万吨标准煤，同比增长 2.42%，占全国天然气消费总量的 4.13%；非化石能源消费 1366.5 万吨标准煤，同比增长 12.6%，占全国非化石能源消费总量的 2.65%。

（三）能源供需保持总体平衡

随着我国经济进入新常态，河南经济发展方式逐步转变，全省能源供需总体上保持较为宽松的局面。从历史发展来看，河南省由能源输出省逐步转变为能源净输入省份，能源对外依存度不断上升。“十二五”期间，2010 年河南省一次能源供给缺口仅为 1156 万吨标准煤，2015 年扩大到 11 969 万吨标准煤；从省外净调入能源不断增加，2010 年为 10 899.1 万吨标准煤，2015 年增加到 14 836.1 万吨标准煤，见表 1-10。河南省能源对外依存度不断上升，由 2010 年的 6.2%上升到 2015 年的 51.5%。2016 年河南省能源消费总量达 2.38 亿吨标准煤，同比增长 2.8%；全社会用电量达到 2980 亿千瓦·时，同比增长 3.8%。能源供需缺口 1.28 亿吨标准煤，能源对外依存度为 53.8%。

表 1-10　河南省综合能源平衡表　　（单位：万吨标准煤）

项目	2010 年	2011 年	2012 年	2013 年	2014 年	2015 年
可供量	20 144.7	20 462.0	20 994.6	21 909.1	22 841.8	23 201.0
一次能源生产量	18 671.7	15 786.3	12 223.7	13 132.7	11 795.8	11 231.4
外省（区、市）调入量	10 899.1	8 293.1	12 074.0	12 152.3	12 850.4	14 836.1
进口量	522.8	465.7	659.5	690.0	537.3	455.2
本省（区、市）调出量	10 243.4	4 164.0	3 910.2	4 128.3	2 971.2	2 708.0

2010 年，河南省煤炭产量大于消费量，不存在供需缺口。2011～2015 年，全省煤炭对外依存度逐步上升，由 2011 年的 13.7%上升至 2015 年的 43.4%。煤炭供需缺口占全省能源供需缺口比例为 49.7%～69.4%。由于油气消费不断增加，而

产量在逐步下降，全省油气供需缺口不断扩大，油气对外依存度不断上升，由2010年的66%上升至2015年的84.2%，如表1-11所示。

表1-11　河南省能源供需表

项目		2010年	2011年	2012年	2013年	2014年	2015年
能源生产	总量/万吨标准煤	17 438.0	15 786.4	12 223.7	13 135.3	11 790.7	11 231.4
	煤炭/万吨标准煤	16 112.7	14 410.1	11 029.9	11 903.1	10 593.4	10 029.3
	油气/万吨标准煤	802.2	760.1	747.5	746.3	737.3	644.4
	非化石能源/万吨标准煤	523.1	616.2	446.3	485.9	460.0	557.7
能源消费	总量/万吨标准煤	18 593.9	20 462.4	20 920	21 909.0	22 890	23 161.2
	煤炭/万吨标准煤	15 395.8	16 705.7	16 734.0	16 907.2	17 777.5	17 711.1
	油气/万吨标准煤	2 361.4	2 851.0	3 385.9	3 871.5	3 895.4	4 087.1
	非化石能源/万吨标准煤	836.7	905.7	800.1	1 130.3	1 217.1	1 363.0
供需缺口	总量/万吨标准煤	1 156.0	4 676.1	8 696.3	8 773.8	11 099.2	11 929.8
	煤炭/万吨标准煤	−716.9	2 295.7	5 704.1	5 004.2	7 184.1	7 681.8
	油气/万吨标准煤	1 559.3	2 090.9	2 638.4	3 125.2	3 158.1	3 442.7
	非化石能源/万吨标准煤	313.6	289.5	353.8	644.4	757.0	805.3
供需平衡	一次能源自给率/%	93.8	77.2	58.4	59.9	51.5	48.5
	原煤自给率/%	104.7	86.3	65.9	70.4	59.6	56.6
	油气自给率/%	34.0	26.7	22.1	19.3	18.9	15.8

四、安徽省能源供需的基本特点

（一）安徽省能源消费总量呈现持续增长，增长率呈下降态势

2000年以来，安徽省能源的消费量呈现持续上升趋势，能源消费由2001年的5118.33万吨标准煤上升到2018年的13 328.9万吨标准煤，年均增长率达5.79%。但是，2011年之后，增长率迅速回落，呈现“L”形低速增长走势。近年来，安徽省煤炭外省调入量持续增大，年均在6000万吨左右，如图1-17所示。

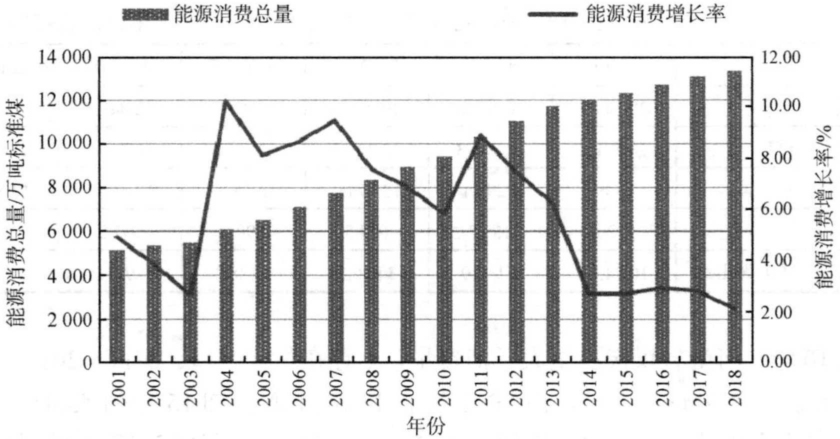

图1-17　安徽能源消费总量及其增长率

（二）安徽省人均能源消费水平持续提升

2010 年安徽省人均能源需求为 1.38 吨标准煤，2018 年提升到 1.88 吨标准煤，年均增长率为 3.9%。安徽省人均能源消费水平持续提升，如图 1-18 所示。

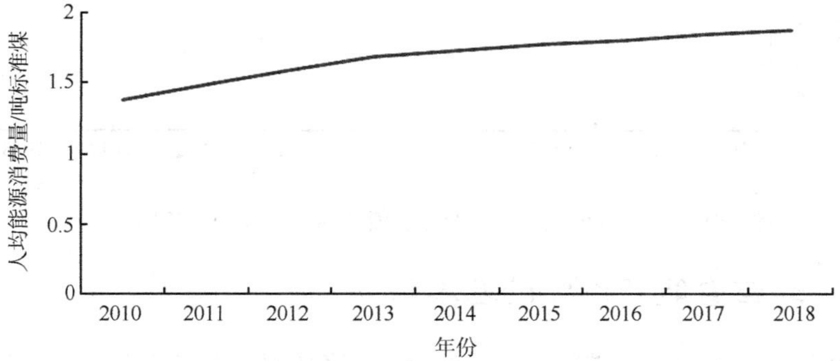

图 1-18　安徽省人均能源消费量（2010～2018 年）

1）安徽省煤炭资源利用转化率有了极大提高

近年来，安徽省煤炭利用转化率得到极大提高。煤炭总加工转化占比从 1995 年的 44.89%增加到 2016 年的 70.37%，其中煤炭转化为火电的比例由 33.01%提高到 53.72%。2017 年，电力生产全社会装机容量 6468.4 万千瓦。煤炭转化为火电一方面提高了煤炭热能效率，另一方面有助于集中对煤炭环境的负产出处理，如表 1-12 所示。

表 1-12　安徽省煤炭利用加工转化率（1995～2016 年）　（单位：%）

项目	1995 年	2000 年	2005 年	2010 年	2016 年
总加工转化	44.89	40.67	51.44	64.18	70.37
火力发电	33.01	28.22	37.00	49.04	53.72
供热	0.46	1.43	2.88	2.54	2.73
洗选煤	2.91	2.82	3.11	3.21	4.88
炼焦	8.14	8.65	9.22	8.84	8.54
炼油	0	0	0	0	0
制气	0.38	0.62	0.14	0.55	0.50
煤炭加工	0	2.63	1.76	0.01	0

2）安徽省单位地区生产总值能耗强度持续下降

在国家“节能减排”的大政策背景下，安徽省单位地区生产总值能耗强度从 2010 年的 0.785 吨标准煤/万元下降到 2018 年的 0.47 吨标准煤/万元水平。单位地区生产总值的能耗强度呈现持续下降趋势，如图 1-19 所示。

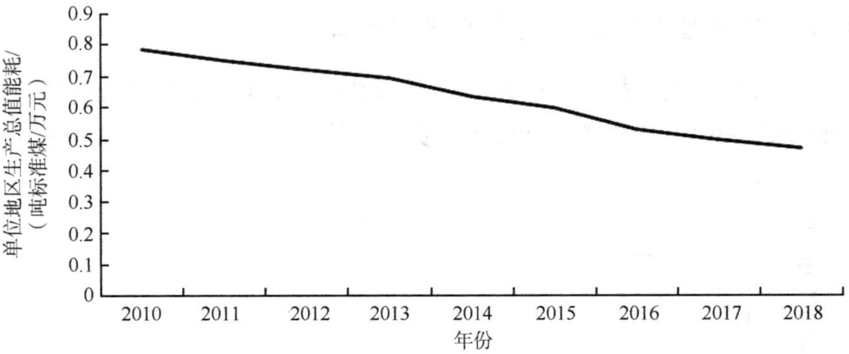

图 1-19　安徽省单位地区生产总值能耗强度（2010～2018 年）

五、江西省能源供需的基本特点

2018 年，江西省深入贯彻新发展理念，认真按照“十三五”规划要求，努力建设“清洁低碳、安全高效的现代能源体系”，全省能源生产取得积极进展，能源结构进一步优化，节能降耗进入中部地区领先水平，能源利用效率不断提高。喜中有忧的是，电能投入产出率下降，高耗能行业高耗低效的顽症加剧，工业能耗和煤炭消费比重过大，清洁能源的短板制约突出，需及时采取有效措施解决。

（一）江西省能源供给情况

1）江西省能源生产构成

江西省的能源生产总量不断地减少，2008～2017 年，江西省的能源生产总量由 2395 万吨标准煤，下降到 1525.2 万吨标准煤，能源生产从最初 2008 年以原煤为主，到 2017 年发展为原煤和水电、风电齐头并进。在一次能源生产中，2008 年，原煤生产总量占一次能源生产总量的 87%，水电、风电占 12.8%，天然气占 0.2%。2017 年，原煤生产总量占一次能源生产总量的 43.3%，水电、风电占 44%，天然气占 0.2%，其他占 12.5%，见图 1-20。

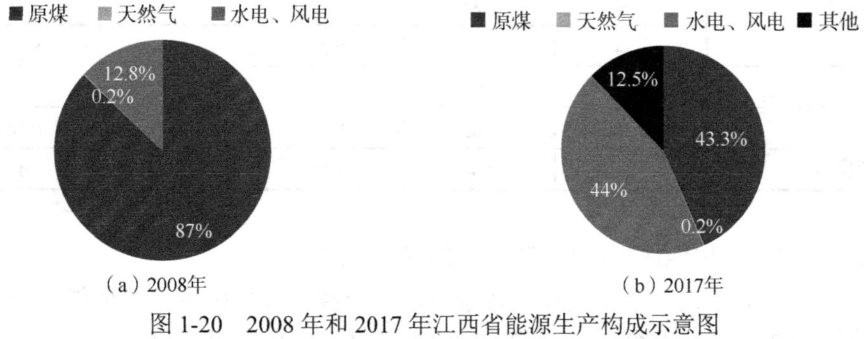

（a）2008年　　（b）2017年

图 1-20　2008 年和 2017 年江西省能源生产构成示意图

由图 1-20 可知，2008～2017 年，江西省能源生产的原煤生产比例从 87%下降到 43.3%，年均减少率为 7.5%，然而水电、风电的生产比例从 12.8%上升到 44%，年均增加率为 14.7%。这一根本现象反映了江西省能源生产对原煤的依存度越来越低，同时，也反映出该省煤炭资源日益枯竭的问题。

2008～2017 年，江西省天然气生产基本维持在 0.2%的水平，总体来说生产的数额在下降，水电、风电生产从 12.8%上升到 44%。可见，2008～2017 年江西省煤炭生产量下降，水电生产量上涨，符合党的十八大以来，国家为了规范煤炭生产秩序，推进煤炭化解过剩产能，减少煤炭开采对环境的污染和破坏的规定。党的十八大以来，江西省上下把生态文明建设放在突出地位，节能降耗工作取得了显著成效，能源革命和绿色转型升级迈出新步伐，为经济社会持续健康发展提供了强有力的支撑。

2）江西省能源生产主要品种

从图 1-21 可见，江西省一次能源的生产量从 1990 年的 1282.42 万吨标准煤，持续上升到 2015 年的 2356.86 万吨标准煤，然后开始呈现下降趋势，一直逐年下降到 2017 年的 1525.19 万吨标准煤。江西省的原煤生产量从 1990 年的 2027.11 万吨增加到 2010 年的 2912.22 万吨，接下来一直持续下降到 2017 年的 938.92 万吨，2017 年比 2010 年下降了 67.8%；洗精煤的生产量从 2010 年的 126.1 万吨下降到 2017 年的 52.55 万吨，2017 年比 2010 年下降了 58.3%；其他洗煤从 2010 年的 429.78 万吨，下降到 2017 年的 118.79 万吨，降低了 72.4%；焦炭从 2010 年的 678.44

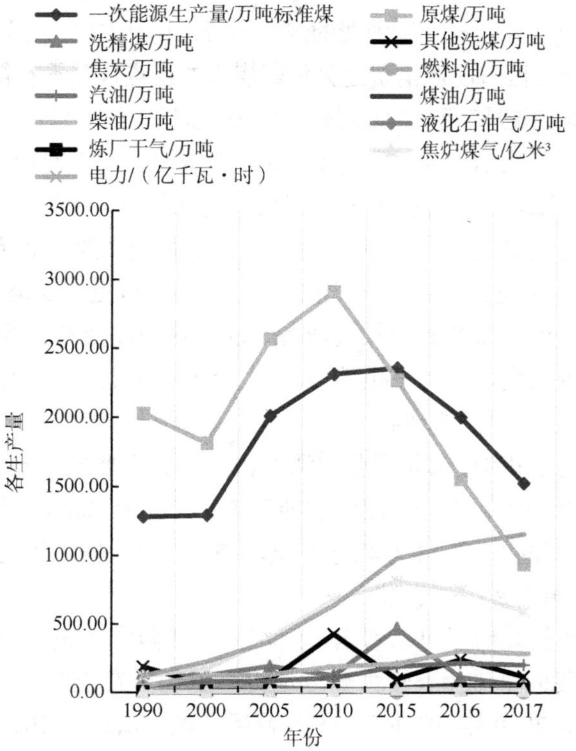

图 1-21　1990～2017 年江西省能源生产品种图

万吨，下降到2017年的593.6万吨，降低了12.5%；燃料油从2010年的20.89万吨，下降到2017年的0.24万吨，降低了98.9%；汽油从2010年的108.07万吨，上升到2017年的203.91万吨，增长了89%；煤油从2010年的0万吨，上升到了2017年的57.47万吨，大量增加；柴油从2010年的190.85万吨，上升到2017年的288.26万吨，增长了51%。总的来说，江西省原煤、洗精煤、其他洗煤、焦炭和燃料油的生产量都在呈现不同程度的下降趋势，而汽油、煤油、柴油、液化石油气、炼厂干气、焦炉煤气都在呈现不同程度的上升趋势。从下降趋势来看，燃料油的生产量下降趋势是最大的，但从下降的生产总量来看，原煤是降低数额最大的；从上升趋势来看，煤油的生产量是上升趋势最大的，但从上升的生产总量来看，电力是增加数额最大的。

（二）江西省能源消费情况

1）江西省能源消费构成

随着经济的快速增长，江西省能源消费量迅速增加。2008～2017年，江西省能源消费总量由5383万吨标准煤，增加到8995.3万吨标准煤，能源消费结构以原煤为主。在一次能源消费中，2008年，煤炭消费量占一次能源消费总量的71.7%，石油占16.7%，水电占5.7%，天然气占0.6%。2017年，煤炭消费量占一次能源消费总量的64.9%，石油占17.5%，水电占7.5%，天然气占3.1%。

2008～2017年，江西省能源消费的煤炭消费比例从71.7%下降到64.9%，年均减少1.1%，但近年江西省能源消费过分依赖煤炭的特点依然没有得到根本改变，这一能源消费的背景，就是江西省面临煤炭资源日益枯竭的问题所在。

江西省石油消费从16.7%上升到17.5%，水电消费从5.7%上升到7.5%。西气东输一期工程的竣工，给江西省带来一定数量的天然气，江西省新修的水利工程，给江西省带来一定数量的水力发电。2008年，江西省天然气消费量为0.6%，到2017年，天然气消费量为3.1%，年均增幅为20%。可见，2008～2017年江西省煤炭消费下降，水电、石油和天然气消费上涨，这与江西省能源消费结构调整政策相吻合，即减少煤炭，增加水电消费、石油调入和天然气消费。

2）江西省产业能源消费现状

江西省产业的现状中，工业产业的消费仍然是其主要能源消费，占据着73.8%的比重。从图1-22中可以看出，江西省能源消费总量从2000年的2505万吨标准煤，增加到2017年的8995.34万吨标准煤，增长了2.6倍，年均增长7.8%。

3）江西省能源消费主要领域

从江西省产业能耗情况可以看出，近年来，江西省在充分满足农业和服务业等行业对能源消费的基础上，较大幅度地提高了工业在能源消费领域中的比重。江西省工业能耗由2010年[①]的4635.41万吨标准煤，增加到2017年的6028.42万

① 因2010年前的值与2010年之后差别较大，参考意义不大，所以从2010年做对比，后面同理。

吨标准煤（图 1-23），工业能耗占全省总能耗百分比由 73.8%下降到 67.0 %。

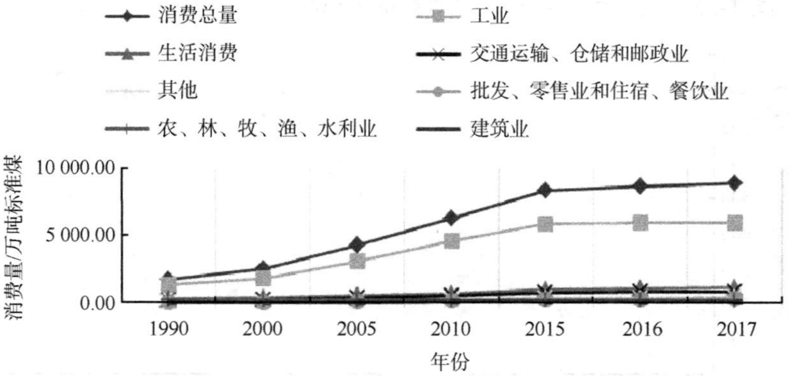

图 1-22　1990～2017 年江西省能源消费构成图

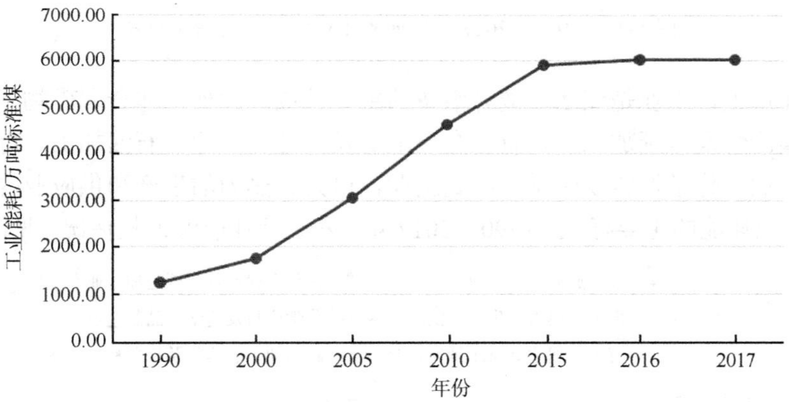

图 1-23　1990～2017 年江西省工业能耗示意图

其中，工业耗煤由 2010 年的 5989.55 万吨，上升到 2017 年的 7494.31 万吨（图 1-24），占全省煤炭总消费的 96.6%。

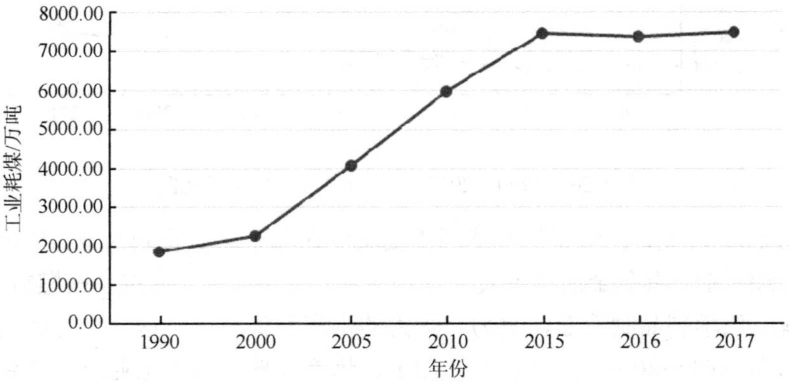

图 1-24　1990～2017 年江西省工业耗煤示意图

工业消耗电力由 2010 年的 496.72 亿千瓦•时，上升到 2017 年的 840.66 亿千瓦•时（图 1-25），占全省当年电力消耗的 65.0%。

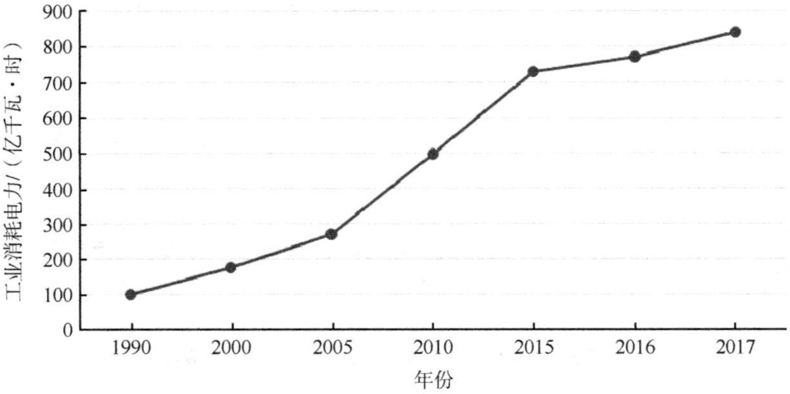

图 1-25　1990～2017 年江西省工业消耗电力量示意图

由此可见，工业是江西省能源消费的主要领域。此外，非金属矿物制品业，黑色金属冶炼及压延加工业，有色金属冶炼及压延加工业，石油加工、炼焦及核燃料加工业，化学原料及化学制品制造业，电力、热力的生产和供应业等六个行业，是工业耗能的主要行业。1990～2017 年，六大行业能源消耗情况，见图 1-26。

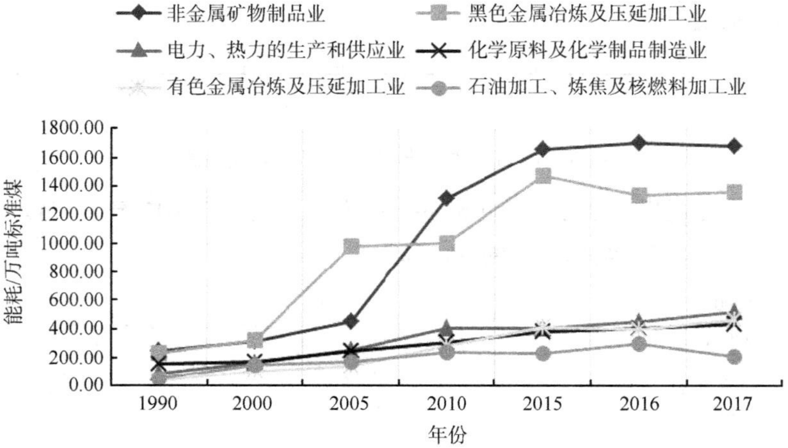

图 1-26　1990～2017 年江西省六大行业能耗图

从图 1-26 可见，江西省工业能耗主要集中在非金属矿物制品业，黑色金属冶炼及压延加工业，有色金属冶炼及压延加工业，石油加工、炼焦及核燃料加工业，化学原料及化学制品制造业，电力、热力的生产和供应业，这六个行业占全省总能耗比例为 60%～80%。江西省石油加工、炼焦及核燃料加工业能源消费量，从 2000 年的 145.55 万吨标准煤，增加到 2017 年的 210.24 万吨标准煤，增长了 44%，年均增长 2.2%；化学原料及化学制品制造业能源消费量，由 2000 年的 171.93 万吨标准煤，增加到 2017 年的 436.10 万吨标准煤，年均增长 5.6%；非金属矿物制品业能源消费量，从 2000 年的 313.35 万吨标准煤，增加到 2017 年的 1680.29 万吨标准煤，年均增长 10.4%；黑色金属冶炼及压延加工业能源消费量，由 2000 年的 323.10 万吨标准煤，增加到 2017 年的 1356.27 万吨标准煤，年均增长 8.8%；有色金属冶炼及压延加工业能源消费量，由 2000 年的 102.17 万吨标准煤，增加到 2017 年的 464.59 万吨标准煤，年均增长 9.3%；电力、热力的生产和供应业能源消费量，由 2000 年的 164.68 万吨标准煤，增加到 2017 年的 520.58 万吨标准煤，年均增长 7.0%；可见，非金属矿物制品业和有色金属冶炼及压延加工业，是江西省能源消耗增长最快的行业，其次为黑色金属冶炼及压延加工业和电力、热力的生产和供应业，最后是化学原料及化学制品制造业和石油加工、炼焦及核燃料加工业。因此解决好这几个行业的能源供需矛盾，对江西省经济保持高速发展有着重要意义。

（三）江西省能源供需现状分析

江西省的能源资源十分短缺，本地能源产量有限，加之经济快速增长，对能源消费的需求迅猛增加，能源自给率下降，从外省调入能源的数量和比重迅速增多。与此同时，从外省调运能源的成本也在不断增加，这都给江西省能源安全供应带来巨大压力，见图 1-27。

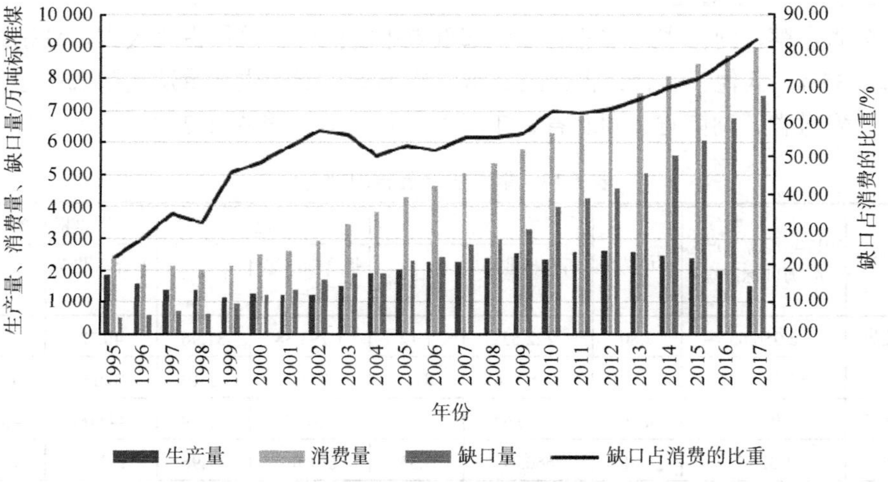

图 1-27 1995～2017 年江西省能源供需图

由图 1-27 可知，江西省能源供给与消费的缺口不断增大且缺口占比也逐渐增大，目前主要依赖外省调入能源弥补缺口。能源缺口量（能源调入量）从 2000 年的 1211.8 万吨标准煤，增加到 2017 年的 7470.1 万吨标准煤，增长了 5.2 倍，年均增长 11.3%。缺口量（能源调入量）占总消费量的比重从 48.38%持续并且大幅度地增长到83.04%。由此可见，江西省能源已无法自给，而且越来越依赖外来能源。照此态势发展下去，当外来能源无法平衡二者之间的缺口时，江西省经济必然会受到前所未有的影响，甚至倒退。

六、中部五省能源供需的基本特点

（一）能源供应条件基本特点

能源生产区位优势的排序中，首推能源生产基地优势。全国最大的水电生产省湖北、石油资源排前列的河南都位于中部地区。

1）中部五省能源生产总量全国占比情况

2017年，在能源生产总量方面，中部五省能源生产总量为26 378.76万吨标准煤，占2017年全国能源生产总量359 000万吨标准煤的7.35%。在煤炭供应方面，中部五省2017年煤炭产量为19 786.73万吨标准煤，约占全国同期煤炭产量249 864万吨标准煤的7.9%；在电能方面，中部五省2017年发电量折合5611.92万吨标准煤，约占全国同期发电量62 466万吨标准煤的8.98%；在油气方面，中部五省2017年的原油和天然气生产总量折合为980.11万吨标准煤，占全国同期产量原油和天然气生产总量46 670万吨标准煤的2.1%。可见，中部地区能源生产总量在全国范围内占比不高。

2）五省内部对比

分省考察，河南省与安徽省在中部五省中能源生产总量占比较大，分别约占38%和35%。其他三省合计占比约27%。中部五省能源生产量从高到低排序为河南省、安徽省、湖南省、湖北省、江西省，如表1-13和图1-28所示。

表1-13　能源生产五省内部对比

省份	2017年能源生产总量/万吨标准煤	占比/%	煤		电		原油和天然气	
			折合标准煤/万吨	占比/%	折合标准煤/万吨	占比/%	折合标准煤/万吨	占比/%
湖北省	2 056.63	7.80	222.53	1.12	1 793.38	31.96	40.72	4.15
湖南省	3 561.93	13.50	1 587.26	8.02	1 974.73	35.19	0.00	0.00
河南省	10 091	38.26	8 940.63	45.18	706.37	12.59	444.00	45.30
江西省	1 525.2	5.78	660.41	3.35	671.09	11.96	193.70	19.76
安徽省	9 144	34.66	8 375.90	42.33	466.34	8.30	301.75	30.79
合计	26 378.76	100	19 786.73	100.00	5 611.91	100.00	980.17	100.00

3）分能源品种考察

分能源品种考察，从煤炭生产情况看，河南、安徽是中部五省的煤炭产出大省，分别占45.18%和42.33%，如图1-29所示。目前，这两个省都是中部地区煤炭调出大省，这无疑增加了其煤炭运输的压力。在铁路建设的发展速度慢于能源工业的增长速度时，运输就成为最主要的瓶颈。解决这一问题除了提高铁路运输效率之外，更重要的是将煤炭就地转化为电力再输出。

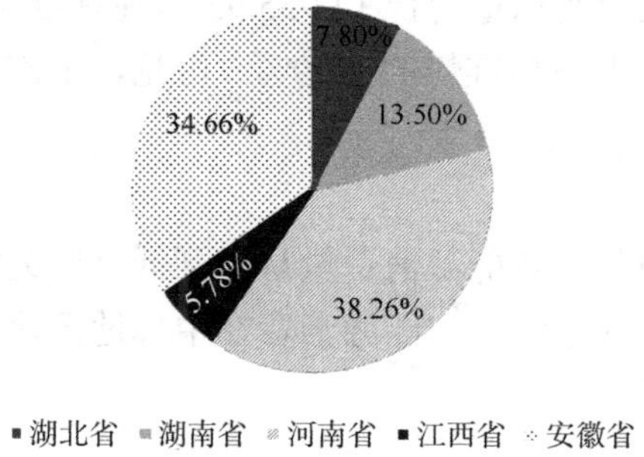

图 1-28　中部五省能源生产总量占比情况（2017 年）

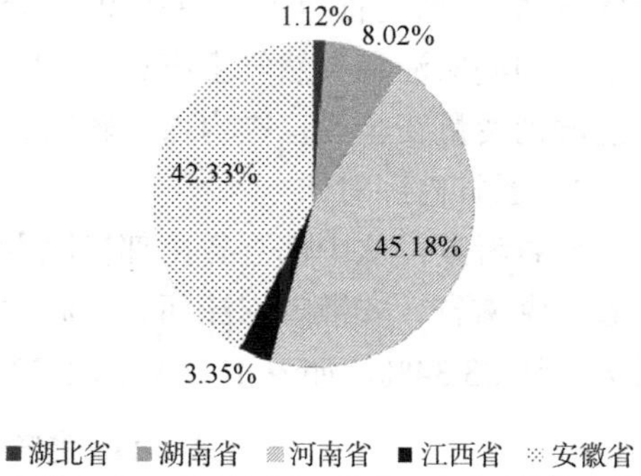

图 1-29　中部五省煤炭生产总量占比情况（2017 年）

分能源品种考察，从电力生产情况看，湖南、湖北两省电力生产能力在五省中占有较大的比重。在湖南、湖北两省煤炭生产短缺的情况下，电力生产总量反而占比较大，说明了两省在水电方面巨大的发电能力，如图 1-30 所示。

分能源品种考察，从原油和天然气生产情况看，湖南省原油和天然气产量为零。河南省和安徽省仍是原油和天然气的产出大省，如图 1-31 所示。

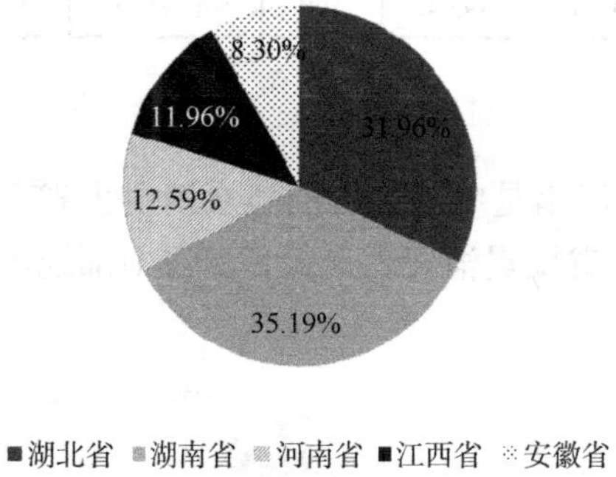

图 1-30　中部五省电力生产总量占比情况（2017 年）

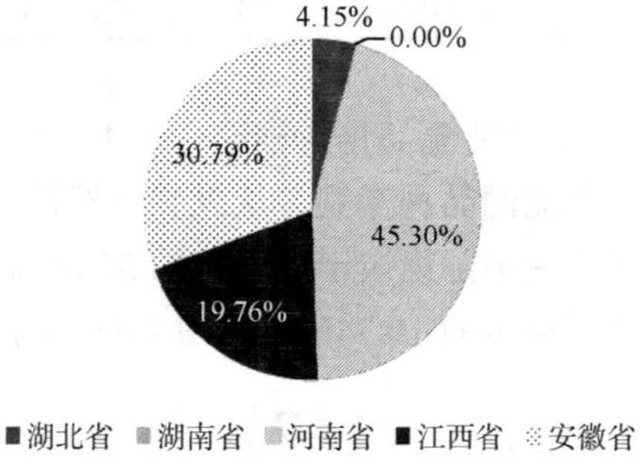

图 1-31　中部五省原油和天然气生产总量占比情况（2017 年）

（二）中部五省能源消费情况

1）能源消费总量全国占比情况

2017 年，在能源消费总量方面，中部五省能源消费总量为 68 819.29 万吨标准煤，约占 2017 年全国能源消费总量 449 000 万吨标准煤的 15.33%。在煤炭消费方面，中部五省 2017 年煤炭消费量为 47 323.41 万吨标准煤，约占全国同期煤炭消费量 271 196 万吨标准煤的 17.45%；在电能方面，中部五省 2017 年用电量折合 6539.93 万吨标准煤，约占全国同期用电量 61 692 万吨标准煤的 10.60%；在油气方面，中部五省 2017 年的原油和天然气消费总量折合 14 955.95 万吨标准煤，占全国同期原油和天然气生产总量 115 842 万吨标准煤的 12.9%。可见，中部地区能源消费量在全国范围内占比较高。

2）五省内部对比

分省考察，从中部五省内部情况看，中部五省能源消费量从高到低排序为河南省、湖南省、安徽省、江西省、湖北省。其中河南省能源消费在中部地区比重最大，达 33.34%，如表 1-14 和图 1-32 所示。

表 1-14　能源消费五省内部对比

省份	2017 年能源消费总量/万吨标准煤	中部地区占比/%	煤		电		原油和天然气	
			折合标准煤/万吨	占比/%	折合标准煤/万吨	占比/%	折合标准煤/万吨	占比/%
湖北省	7 656.69	11.13	5 083.28	10.74	1 586.47	24.26	986.95	6.60
湖南省	16 171.30	23.50	10 121.53	21.39	1 974.67	30.19	4 075.11	27.25
河南省	22 943.82	33.34	16 817.95	35.54	1 560.19	23.86	4 565.86	30.53
江西省	8 995.3	13.07	5 837.95	12.34	674.65	10.32	2 482.70	16.60
安徽省	13 052	18.97	9 462.70	20.00	743.96	11.38	2 845.34	19.02
合计	68 819.11	100	47 323.41	100	6 539.94	100	14 955.96	100

3）分能源品种考察

分能源品种考察，从煤炭消费情况看，河南是中部五省的煤炭消费大省，煤炭消费占中部煤炭消费总量的 35.54%。湖北省煤炭消费占比最低，占中部地区煤炭消费总量的 10.74%，如图 1-33 所示。

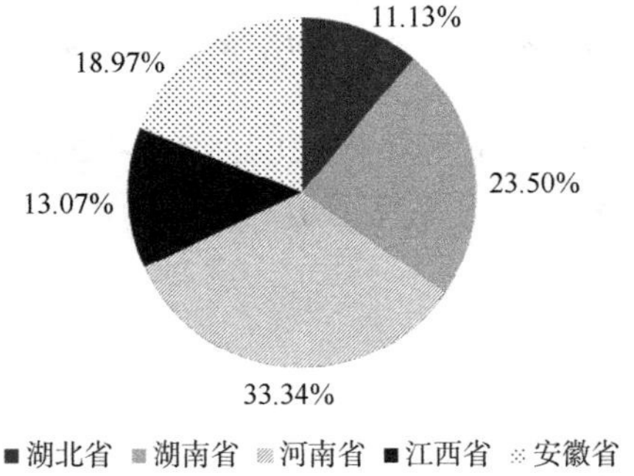

图 1-32　中部五省能源生产总量占比情况（2017 年）

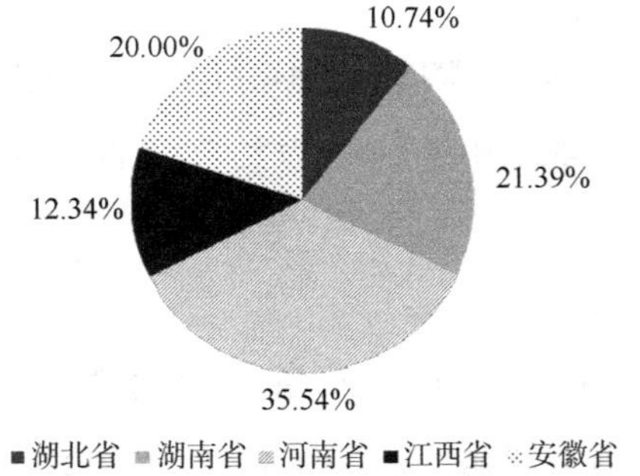

图 1-33　中部五省煤炭消费总量占比情况（2017 年）

分能源品种考察，从电力消费情况看，湖南省电力消费能力在五省中占比最大，电力消费占中部电力消费总量的 30.19%。湖北省、河南省两省情况基本一样，电力消费占中部电力消费总量的 20%左右。江西省、安徽省电力消费量较少，电力消费占中部电力消费总量的 10%左右，如图 1-34 所示。

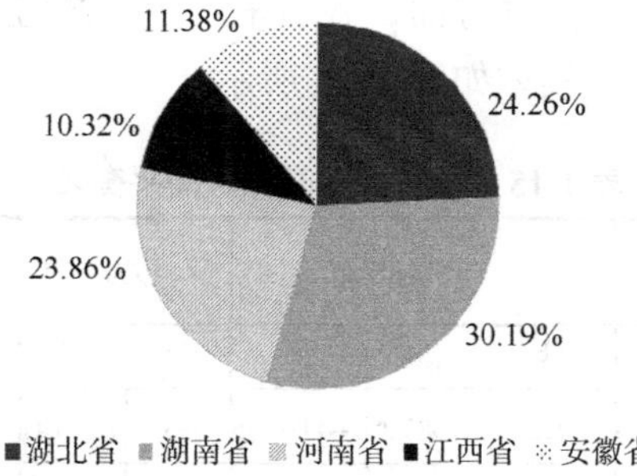

图 1-34　中部五省电力消费总量占比情况（2017 年）

分能源品种考察，从原油和天然气消费情况看，河南省原油和天然气消费量为中部五省最高，占比 30.53%。湖南省尽管原油和天然气产量为 0，但消费量不低，在中部占比约 27.25%，完全依赖外部输入，如图 1-35 所示。

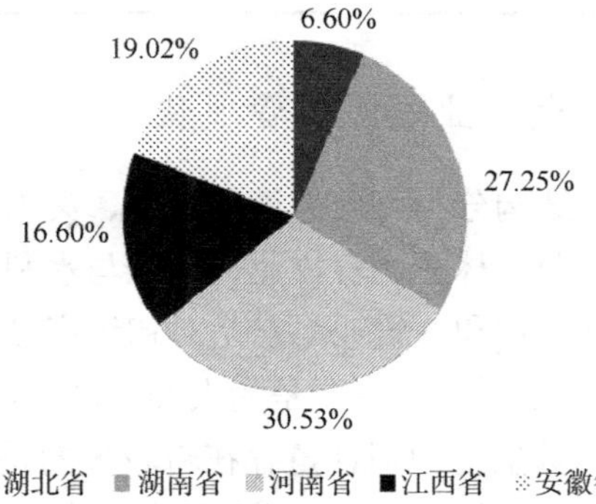

图 1-35　中部五省原油和天然气消费总量占比情况（2017 年）

（三）中部五省能源供需平衡情况

关于各省之间能源供需平衡现状，从总体上看，能源供应均小于能源需求，均存在比较严重的能源供不应求的矛盾。其中湖南省供需不平衡最为严重，能源供应总量仅为消耗总量的 1/5，属于典型的能源输入型省份。

中部五省在电力的供给和需求方面基本是持平的，煤炭、原油和天然气三大常规能源供给和需求存在供不应求的态势，尤其是原油的供给和需求严重不平衡。

在中部地区煤炭和电力供需平衡中还包含着省际差异和能源品种差异。煤炭方面，尽管河南省、安徽省从整体上具有明显的资源优势，但是仍处于小幅供不应求的情况。其中湖北省的煤炭供需不平衡情况最为严重，煤炭供给量远不及需求量的 1/20，致使整个中部地区煤炭呈现省级供需不平衡。

电力方面，湖南省与湖北省的供给都有富余，江西省基本供需相抵。河南省、安徽省略有不足。原油和天然气方面，各省消费量远超过自身的产量，原油和天然气消费依靠外省的支持，具体如表 1-15 所示。

表 1-15　中部五省能源供需平衡表

省份	2017 年能源生产总量/万吨标准煤			煤/万吨标准煤			电/万吨标准煤			原油和天然气/万吨标准煤		
	供	需	平	供	需	平	供	需	平	供	需	平
湖北省	2 056.63	7 656.69	−5 600.06	222.53	5 083.28	−4 860.75	1 793.38	1 586.47	206.91	40.72	986.95	−946.23
湖南省	3 561.93	16 171.30	−12 609.37	1 587.26	10 121.53	−8 534.27	1 974.73	1 974.67	0.06	0.00	4 075.11	−4 075.11
河南省	10 091.00	22 944.00	−12 853.00	8 940.63	16 817.95	−7 877.32	706.37	1 560.19	−853.82	444.00	4 565.86	−4 121.86
江西省	1 525.20	8 995.30	−7 470.10	660.41	5 837.95	−5 177.54	671.09	674.65	−3.56	193.70	2 482.70	−2 289.00
安徽省	9 144.00	13 052.00	−3 908.00	8 375.90	9 462.70	−1 086.80	466.34	743.96	−277.62	301.75	2 845.34	−2 543.59
合计	26 378.76	68 819.29	−42 440.53	19 786.73	47 323.41	−27 536.68	5 611.91	6 539.94	−928.03	980.17	14 955.96	−13 975.79

（四）中部五省三大产业能源消费现状

能源消费结构按经济结构分类可分为第一产业、第二产业和第三产业三大产业部门。第一产业包括农业、林业、畜牧业、渔业与水利业，它的产品直接从自然界获得；第二产业包括工业和建筑业，它是对初级产品进行重新加工处理的部门；第三产业涉及的范围较为广泛，主要是为人类生产生活提供服务的经济部门。21 世纪以来，由于各个产业的能源消耗量存在着较大的差异，因此伴随着调整优化产业结构的进行，各省综合能耗指数也会发生相应的变动。

图 1-36～图 1-40 表示中部五省三大产业能源消费量占能源消费总量比重变化情况。综合来看，中部五省第二产业在产业能源消费结构中长期占据主导地位，其次是第三产业，最后是第一产业。而第二产业的能耗呈现逐年下降趋势，第三产业呈现上升趋势，第一产业比较稳定。第二产业中制造业能源消费量最高，特别是非金属矿物制品业，黑色金属冶炼及压延加工业，有色金属冶炼及压延加工业，石油加工、炼焦及核燃料加工业，化学原料及化学制品制造业，电力、热力的生产和供应业等六个行业，又属于工业耗能的主要行业。降低第二产业的能耗，应该以这些高耗能行业作为突破口，以高效有序的管控措施进行疏解，达到节能减排的目标。

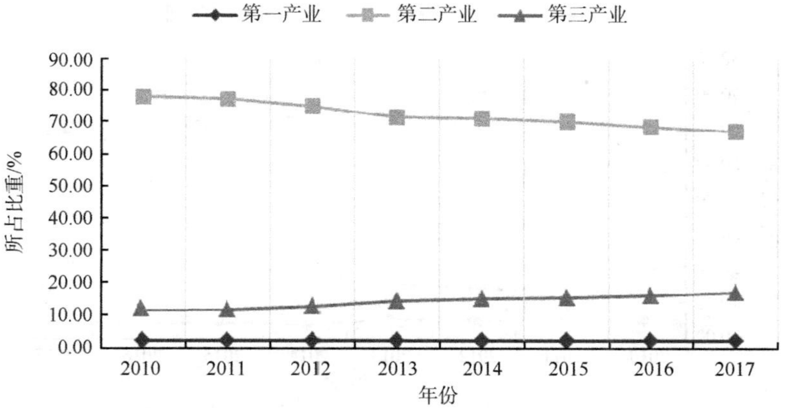

图 1-36 2010～2017 年安徽省产业能源消费比重

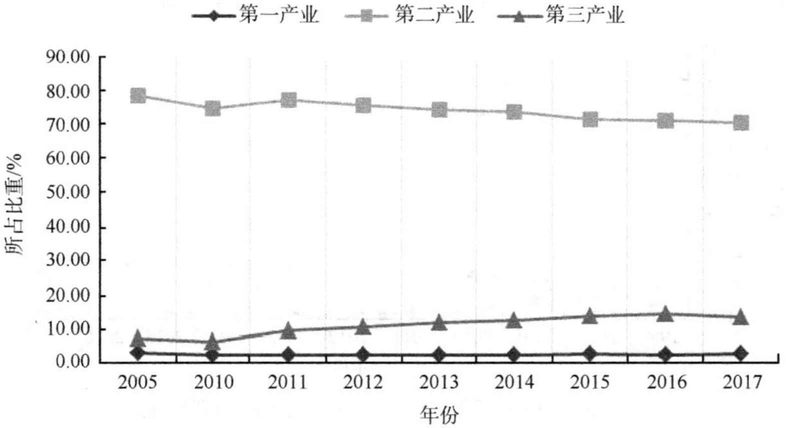

图 1-37 2005～2017 年河南省产业能源消费比重

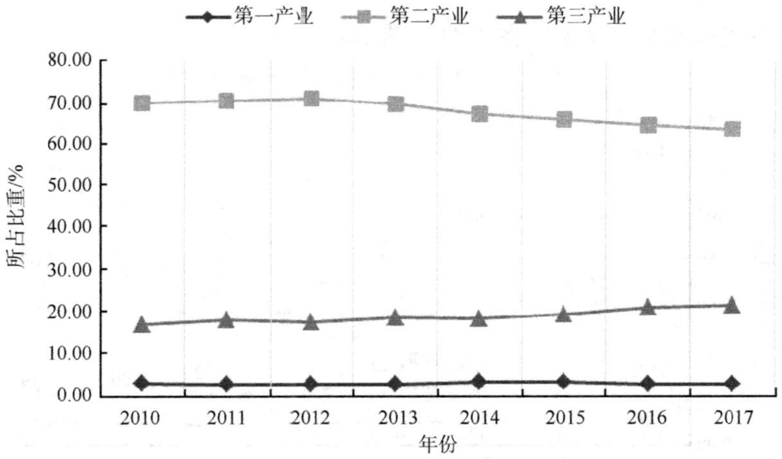

图 1-38 2010～2017 年湖北省产业能源消费比重

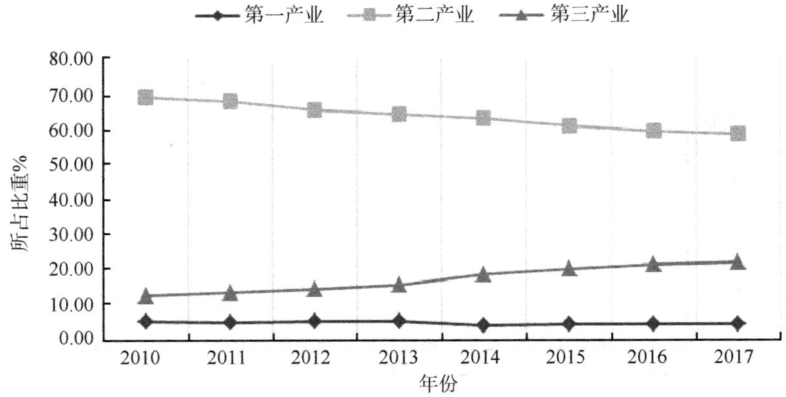

图 1-39　2010～2017 年湖南省产业能源消费比重

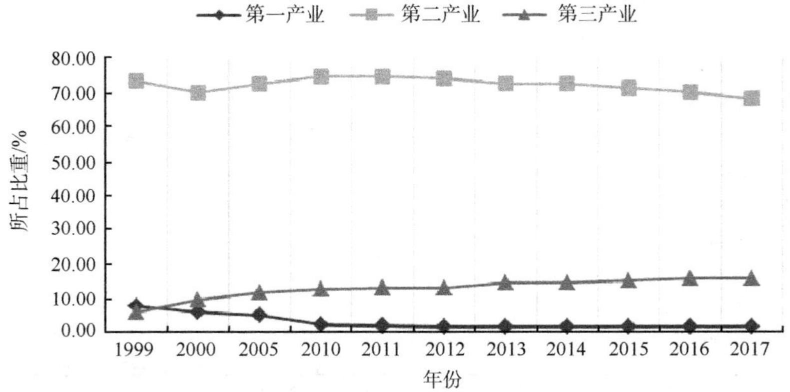

图 1-40　1999～2017 年江西省产业能源消费比重

（五）中部五省能源强度

中部五省能源强度情况如图 1-41～图 1-45 所示。

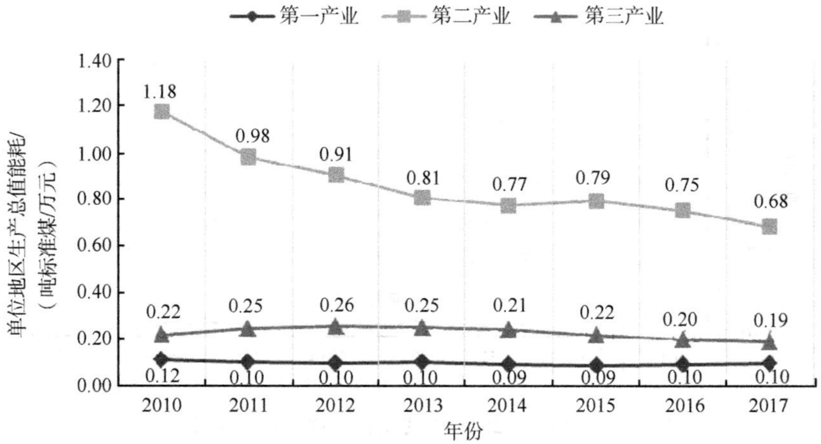

图 1-41　2010～2017 年安徽省能源强度

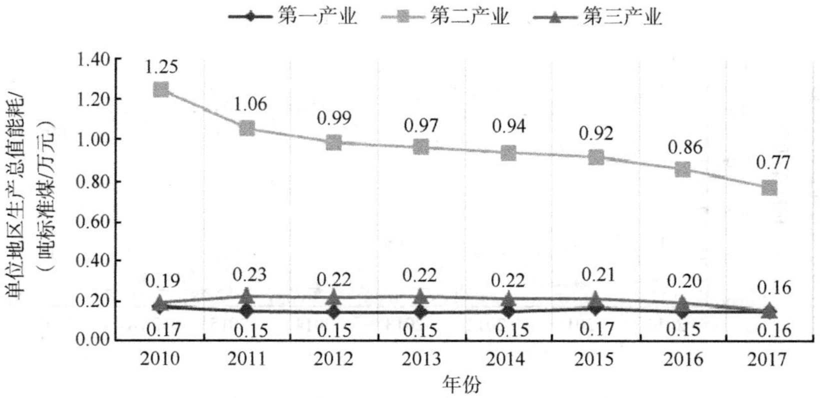

图 1-42　2010～2017 年河南省能源强度

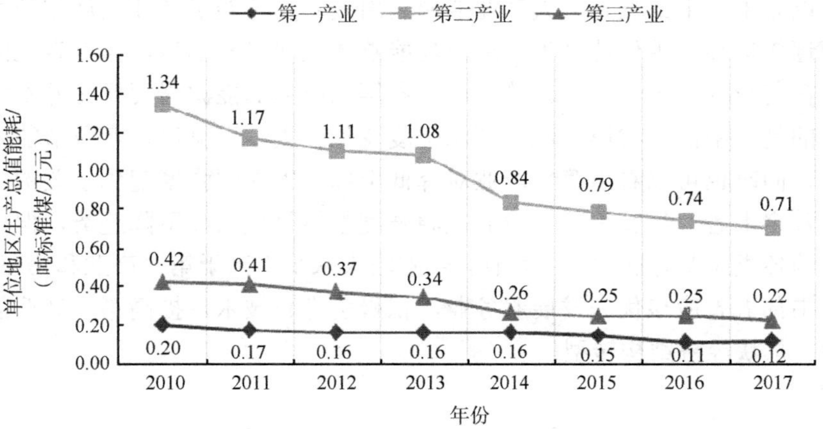

图 1-43　2010～2017 年湖北省能源强度

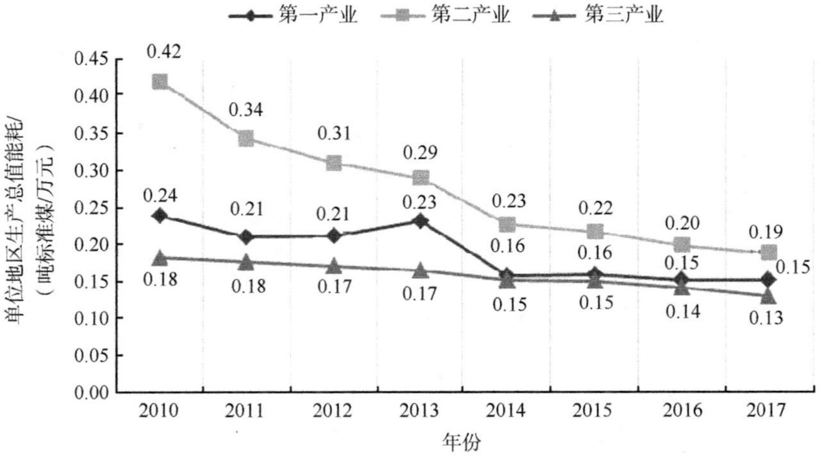

图 1-44　2010～2017 年湖南省能源强度

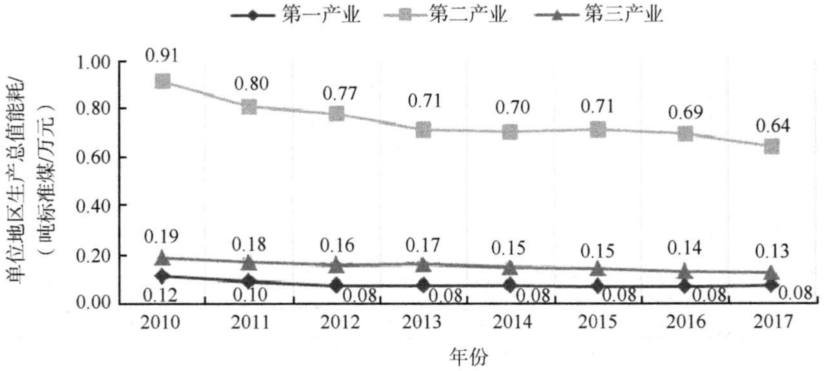

图 1-45　2010～2017 年江西省能源强度

可以看出，中部五省三大产业能源利用效率随着经济持续发展与技术不断进步而逐年提高，单位地区生产总值耗能整体呈现下降趋势，但五省之间效率相比存在着较为显著的差异。第一产业和第三产业的能源强度变化并不大，需要注意的是，中部五省第二产业能源强度变化较大，可见第二产业节能效果较为显著，同时也可以看出第二产业对降低中部五省能源强度起到了关键性的作用。从数字上看，尽管第二产业的能源强度整体呈现明显下降趋势，但由于其严重依赖各类能源开展的产业特性，依然较大水平上高于第一产业和第三产业。对此，中部五省应该优先发展服务业，积极引进新技术，提高第二产业的能源利用率，加快经济结构转型。

第二章　中部地区能源发展与经济、社会、生态环境的关系

能源作为现代经济的发展基础，是人类生存以及实现经济可持续发展的重要保障，而环境作为能源的载体，不仅为经济发展提供能源，同时还为人类提供生存空间。因此，只有保证生态系统稳定，才可以保证环境持续为人类发展提供能源，从而达到社会经济持续发展。能源的发展与经济、社会、生态环境有着密切的关系。

第一节　中部地区能源发展与经济的关系

能源作为经济发展的生产要素，要有源源不断的能源要素投入才能促使经济持续发展，所以能源消费和经济增长的关系可以概括为两个方面：一是经济增长需要大量的能源消费；二是能源的供给要以经济发展为前提，合理利用能源才能促进经济稳定发展。经济的发展程度直接取决于能源的供给程度，能源的供给程度也决定着经济的发展速度和发展规模。能源促进经济增长的同时，经济增长也会拉动能源消费，为能源消费提供条件和基础。

国家对一个地区的定位决定和影响着这个地区的发展方向。2006 年中部崛起战略实施初期，国家要求中部地区加快建设“三基地一枢纽”；2016 年出台的《促进中部地区崛起“十三五”规划》将中部定位为“一中心四区”，这些都主要基于中部地区的资源禀赋和产业基础。进入新时代，应当进一步拓展对中部地区的战略定位，着眼发挥中部地区的支撑和引领作用，鼓励中部地区建设制造业高质量发展区、创新驱动发展区、强大内需市场示范区、乡村振兴先行区等。从中部各省内部来看，应在新发展理念的指引下，进一步明确五省各展其长、多极崛起的路径，赋予相应新定位，如河南省发挥“支撑作用”，湖北省打造重要“战略支点”，安徽省成为“创新极”，湖南省实现“开放崛起”，江西省推进“绿色崛起”。

能源消费、能源投资、能源利用效率以及能源开发利用技术对经济增长产生了促进或约束作用。能源消费结构与产业结构的调整彼此相互影响、相互制约，二者协调健康发展对经济发展具有重要作用。因此考虑到中部地区的能源现状，本章将从能源消费、能源供给、能源技术和能源体制四个方面讨论能源与经济发展的关系。

一、中部地区能源消费与经济发展的关系

（一）中部五省能源消费总量增速逐渐放缓并没降低经济增速，经济发展仍保持稳步增长

伴随着经济的快速增长，特别是工业化的不断推进，中部五省能源消费总量在不断增长，但随着节能减排工作的推进，能源消费总量增速逐渐放缓，这一变化没有降低各省经济增速，中部五省经济发展仍保持稳步增长。

以中部五省的湖北省为例，能源消费总量由 2000 年的 6269 万吨标准煤增长至 2017 年的 17 150 万吨标准煤，其间除了 2012～2013 年稍有降低以外，整体呈现明显的增长趋势。从 2012 年开始，随着湖北省经济发展转型和大气污染防治、节能减排等政策措施的不断推进，全省能源消费增速有所放缓，但是经济总量却仍然在不断提高。湖北省能源消费弹性系数均小于 1.5，能源消费弹性系数的发展变化与湖北省经济结构、技术装备、生产工艺和能源利用效率等因素紧密相关。随着能源利用效率的提高，能源消费弹性系数有下降趋势，但与此同时湖北省的经济发展却在马不停蹄地进行，如图 2-1 所示。

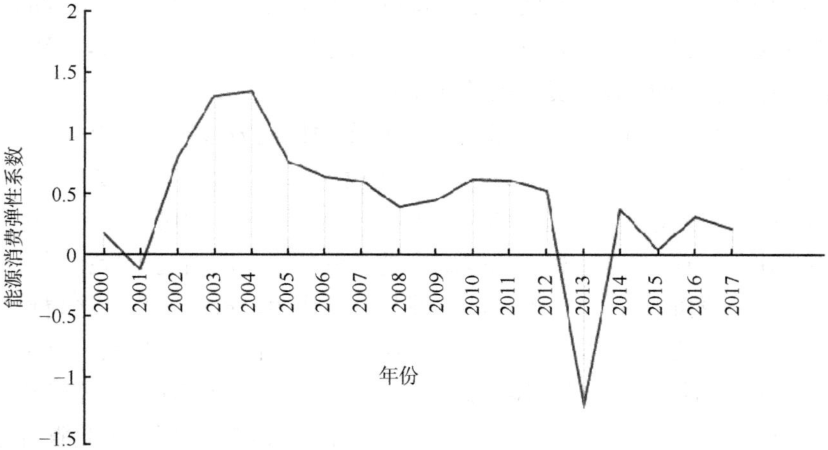

图 2-1　2000～2017 年湖北省能源消费弹性系数

安徽省表现出了同样的趋势，由于安徽省能源生产力的持续提高，能源消费弹性系数呈现下降趋势，如图 2-2 所示。

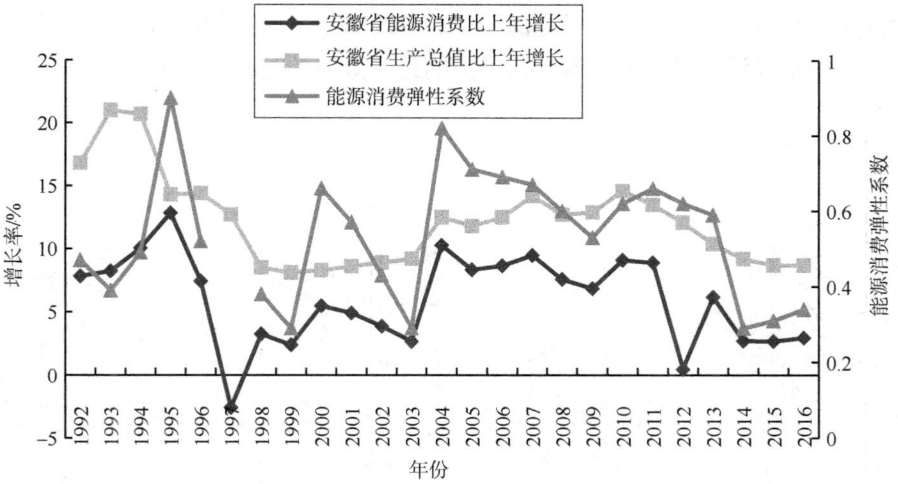

图 2-2　1992～2016 年安徽省能源投入产出弹性走势

从图 2-3 所示的湖南省能源消费弹性系数的变化可见，2010 年开始湖南省能源消费弹性系数一直小于 1，能源消费增长速度小于经济增长速度，说明湖南省能源经济正朝着正确的道路前进，随着能源技术的不断改善，在经济保持平稳增长的同时，能源消耗并没有大幅度增加。

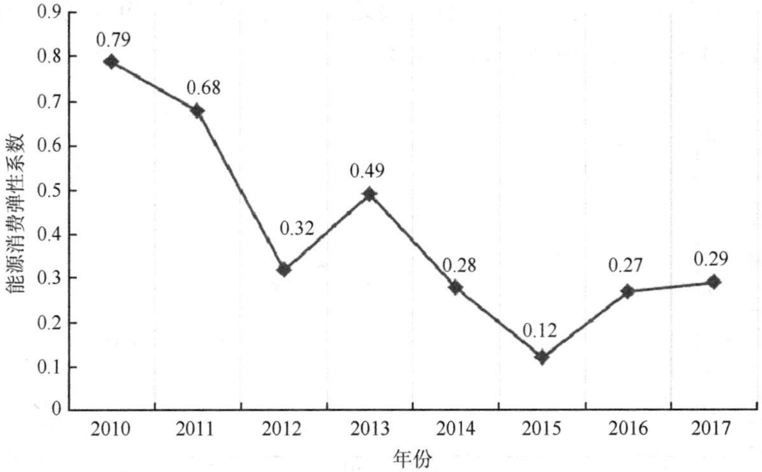

图 2-3　2010～2017 年湖南省能源消费弹性系数变化图

从图 2-4 所示的江西省能源消费弹性系数和能源强度变化规律可以看出，在 2010 年之后，江西省能源消费弹性系数小于 1，说明江西省的经济发展速度较快，到 2017 年，经济每增长 1 个百分点，能源消费增长 0.3 个百分点左右，反映了经济发展对能源消费的依赖性越来越低。可见，随着经济的迅速发展、科技水平的不断提高，能源结构优化等措施的实施大大地提高了能源的利用效率，从而降低了能源总量的消耗。2010~2017 年江西省的能源强度出现平稳下降的态势，说明江西省的地区生产总值的增长速度快于能源消费总量的增长速度，单位地区生产总值能耗减小，在追求以消耗最少的能源获得最大的经济效益的过程中取得了较好的效果。

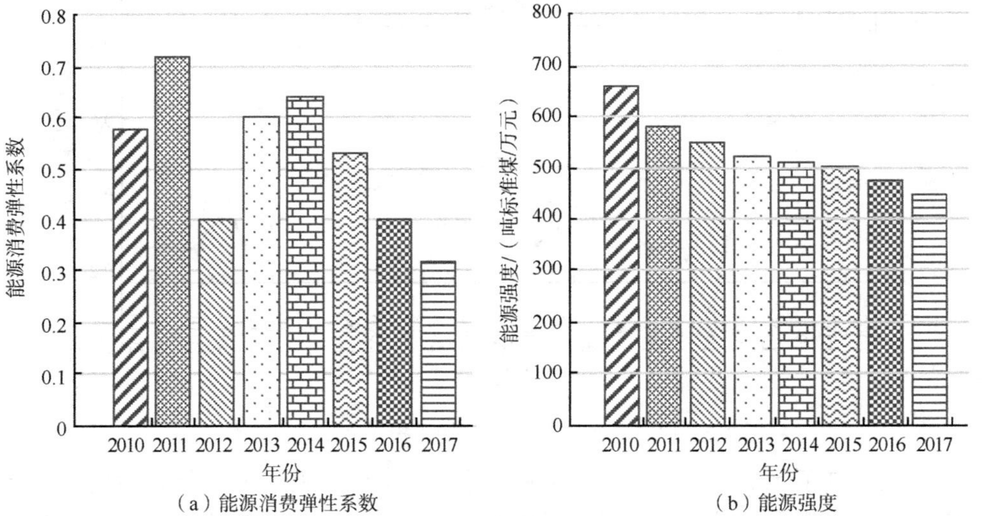

（a）能源消费弹性系数　（b）能源强度

图 2-4　江西省能源消费弹性系数和能源强度变化规律

从图 2-5 所示的 2010～2018 年河南省单位地区生产总值能耗情况来看，通过强化节能减排政策，河南省单位能耗强度逐渐降低，由 2010 年的 0.82 吨标准煤/万元降低到 2018 年的 0.49 吨标准煤/万元。

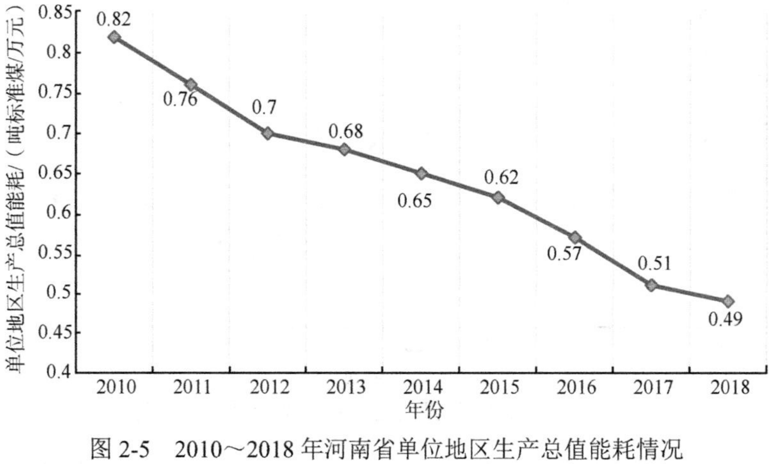

图 2-5　2010～2018 年河南省单位地区生产总值能耗情况

（二）中部五省经济发展对能源依存度逐渐降低

相较于东部沿海地区，中部地区仍然处于工业化中后期阶段，对资源、劳动力和投资驱动依赖严重，产业升级、动能转换等难度较大，城镇化率依然偏低、质量不高，农业农村发展正处于破解各种难题的关键时期，对内、对外开放水平仍待提高，制度性约束因素依然较多。我国经济发展进入新常态以来，中部地区发展不平衡、不协调、不可持续的问题仍然突出，经济增速换挡、结构调整、动能转换困难相互交织。

随着各省经济发展转型和大气污染防治、节能减排等政策措施的不断推进，中部五省能源消费增速有所放缓，但是经济总量却仍然在不断提高。从图 2-6 可以看出，2010 年以来，中部五省的能源消费总量虽然总体上仍然呈现一个上升的趋势，但是增速已经逐渐放缓。中部五省的能源消费弹性系数总体上呈现一个下降的趋势，如图 2-7 所示，能源消费弹性系数的发展变化与中部五省经济结构、技术装备、生产工艺和能源利用效率等因素紧密相关。随着能源利用效率的提高，能源消费弹性系数一直不高，但与此同时中部各省的经济发展却在马不停蹄地进行，说明中部地区经济发展对能源消费的依存度在逐渐降低。

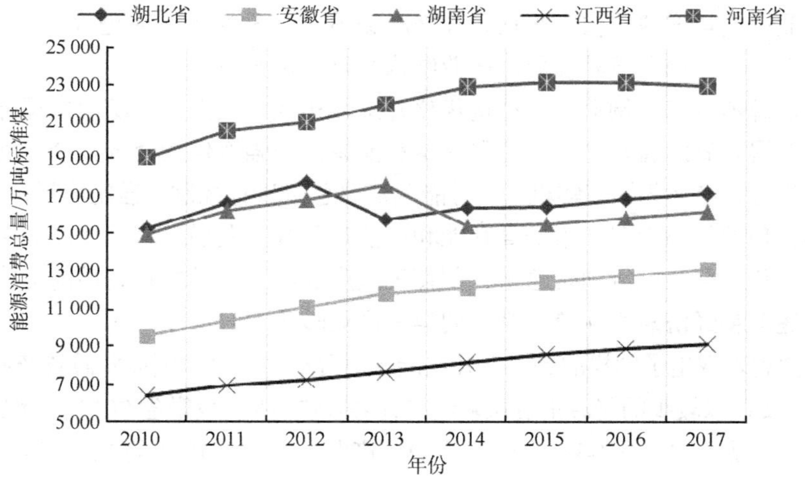

图 2-6　2010～2017 年中部五省能源消费总量

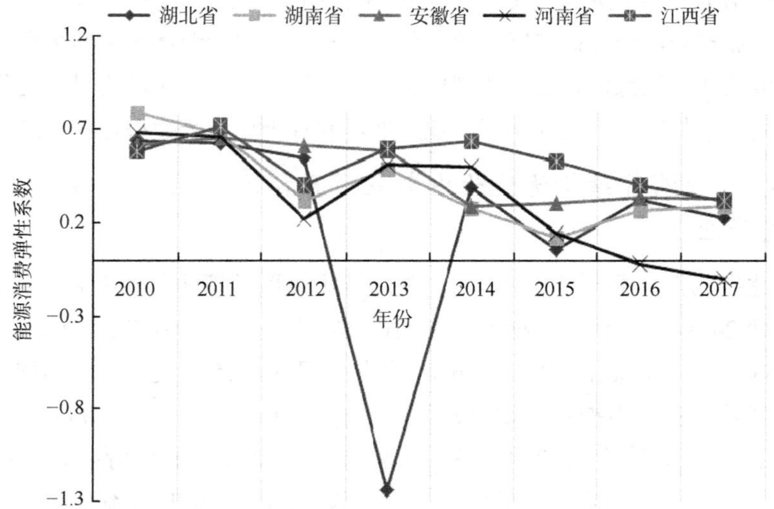

图 2-7　2010～2017 年中部五省能源消费弹性系数

（三）能源消费总量控制促使中部五省经济结构中第三产业进一步发展

以湖北省为例，2016 年第一产业用电量为 29.25 亿千瓦・时，增速 34%，达到 2000 年以来的最高点，这主要是由于 2016 年起湖北省全面开展农业“三项补贴”改革，激发农民粮食生产的积极性，增加了农业对农资机械的需求，进而引起第一产业用电量大增。第二产业 2015 年用电量为 1114.94 亿千瓦・时，同比增长 2%，为近几年来的最低增速，主要原因是湖北省积极响应并贯彻落实国家去产能、去库存政策。第三产业 2015 年用电量为 274.54 亿千瓦・时，同比增长 25%。从 2000 年到 2016 年，第一产业用电量平均增速较低，为–1%，这在一定程度上说明第一产业增加值占比逐年下降。而第二产业用电量增速较快，平均增速为 9%。第三产业用电量增速更快，平均为 13%。这在一定程度上说明进入 21 世纪以后湖北省第二、三产业蓬勃发展，产业结构得以优化升级。

以能源消费革命倒逼产业结构优化升级，实现以较少的能源消费保障经济社会较快发展。湖北省将把能源消费总量和能源消费强度作为经济社会发展的重要约束性指标，建立分解落实机制，对能源消费总量进行控制，强化能耗标准约束，抑制不合理的能源消费，限制高耗能和产能过剩行业发展，这就使产业结构不得不进行优化调整。能源消费总量控制使三大产业的占比发生较明显的变化，湖北省已经逐渐将经济重心从第二产业向第三产业转移。

安徽省表现出了同样的趋势。开展能源消费革命以来，倒逼安徽省产业结构优化升级，实现以较少的能源消费保障经济社会较快发展。安徽省 2010～2017 年不同产业能源消费占比如图 1-36 所示，其中第三产业占比从 2010 年的 13.1%增长到 2017 年的 19.7%，增速明显。安徽省响应国家号召限制高耗能和产能过剩的行业发展，这就使产业结构不得不进行优化调整。产业结构调整也结合了长江经济带发展战略，通过优化产业布局，合理调节能源消费分布，从而实现能源优先就地平衡供应，减少输送环节损耗。能源消费总量控制使三大产业的占比发生比较明显的变化，安徽省产业布局逐渐从第二产业向第三产业发展，并且预计这个趋势将会持续下去。

（四）能源消费结构优化为中部五省开拓了一批“专、精、特、新”的制造型产业

以湖北省为例，截至 2017 年底，湖北省规模以上能源装备企业达到 538 家，比上年净增 24 家。企业主营业务收入 1102.62 亿元，比上年增长 10.4%。企业资产总计 869.07 亿元，比上年增长 2.6%。企业负债 531.15 亿元，比上年增长 2.8%。传统能源装备产业仍占据主导地位，其中，输变电设备企业达到 335 家，总资产达到 506.15 亿元，占全省能源装备产业总量的 58.24%。新能源装备产业持续增长，实现主营业务收入 23.86 亿元，同比增长 41.9%。发电设备产业、石油和天然气设备、煤炭设备资产总值占全省比重分别为 19.66%、15.18%和 4.66%。

从以上数据可以得知，能源结构优化为经济发展开拓了新兴产业，且需要众多企业一起完成。近些年来中部五省在推动着能源装备产业升级，为的是形成一批具有国际影响力的企业集团和具有竞争优势的“专、精、特、新”专业化生产企业，建成若干创新能力强、特色鲜明的能源科技装备制造集聚区，提升产业集中度。高参数能源装备、新能源装备制造等战略性新兴产业也在逐渐形成竞争优势，能源装备制造服务业持续保持着快速发展，努力增强系统集成能力，逐步形成包含研发设计、装备制造、工程建设、运行维护、技术服务在内的完整能源科技装备产业链。

（五）中部五省非化石能源消费占比较小，促使传统优势产业转型升级

中部地区以第二产业为主，第三产业发展相对滞后，是典型的“二三一”模式，综合经济发展水平低。从各省一、二、三产业的产值贡献率可以明显看出，伴随第一产业增加值实际比重的不断降低，第二产业增加值实际比重稳步攀升。

2017 年，除了湖北省的非化石能源消费约占整个能源消费的 25.38%，其他省的非化石能源消费占比还是较小，但是中部五省积极进行能源战略转型升级，不断提升非化石能源消费的比重，使环境利用更加清洁化、低碳化。同时也将助力中部地区传统行业的转型升级。中部地区是全国重要能源原材料基地、现代装备制造和高科技产业基地。随着加快推动新旧动能转换、加快推进传统优势产业转型升级，中部五省发展后劲很足。

（六）中部地区能耗强度逐渐下降，能源利用的经济效益显著提高

从图 2-8 中可以看出，2010～2017 年中部五省的能源强度总体上均呈现下降趋势，各省能源使用的经济效率均逐渐提高。

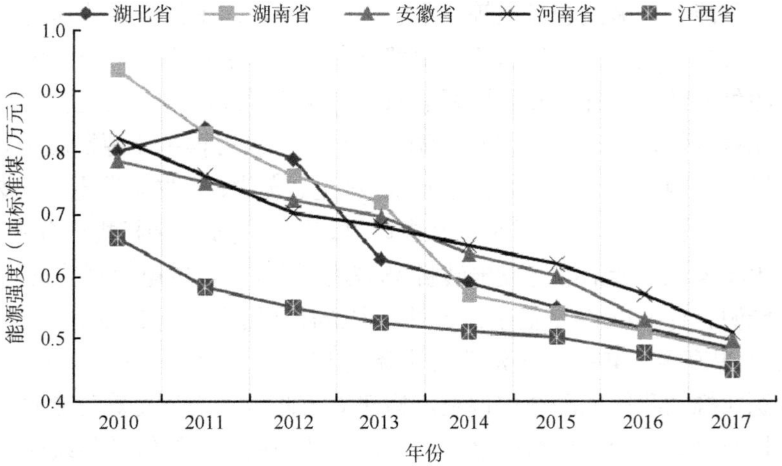

图 2-8　2010～2017 年中部五省的能源强度

二、中部地区能源供给与经济发展的关系

（一）中部五省能源供需缺口普遍较大，难以保障各省经济快速发展

湖北省煤炭调入量占煤炭消费量的90%以上，石油剩余可采储量仅占全国的0.8%，原油调入比例达88.5%。2018年，安徽省原煤总产量为11 529.1万吨，同比减少了1.6%，全国排名第七。但是，省内煤炭缺口持续扩大，2018年省外煤炭调入量达到约7000万吨。2010年河南省一次能源供给缺口仅为1156万吨标准煤，2015年扩大到11 969万吨标准煤；从省外净调入能源不断增加，2010年为10 899.1万吨标准煤，2015年增加到14 836.1万吨标准煤。河南省能源对外依存度不断上升，由2010年的6.2%上升到2015年的51.5%。2018年河南省能源消费总量达2.34亿吨标准煤，同比增长2.8%；能源供需缺口为1.28亿吨标准煤，能源对外依存度为53.8%。江西省2000～2017年煤炭的产需缺口以平均11.3%的增长率不断扩大。能源对外依存度已由2012年的66.26%攀升到2017年的83.04%。能源严重依赖外部市场。2015年湖南省能源对外依存度已接近70%。因此，市场能源价格的剧烈波动或者全国煤产量和价格的变动，都很容易影响中部五省能源企业的经济效益，进而影响中部五省的经济发展。

近年来，中部五省认识到这一问题的严重性，不断改变能源的供应结构和消费结构，有计划、有目的地开采和使用自然资源，同时加大能源利用科技的研究，实现多种不同能源的调节使用，提高能源利用率，努力实现能源供求平衡，保证现代化产业科学、合理地发展，平稳有效地实现经济增长。

（二）改变能源供应结构，开发和利用新能源，实现经济多渠道发展

近年来，中部五省能源的使用更加趋向于清洁型和方便型，多种新型能源包括核能、太阳能、机械能和风能等在不同领域应用，缓解煤炭供应压力的同时减少污染物的排放，这一发展理念符合中部五省经济发展原则和要求。中部五省不断优化能源供应结构，开发和利用新能源，实现能源经济的多渠道发展。

以湖北省为例，“十二五”期间，湖北省新能源与可再生能源发展迅猛，水电装机规模增长18.4%，开发比例达到90%。风电、光伏、生物质发电并网装机249万千瓦，在建装机近500万千瓦，其中风电、太阳能发电装机规模分别是2010年末的24倍、141倍。清洁能源发电装机3837万千瓦，占全省电力总装机的59.9%。非可再生能源合计发电58.2亿千瓦·时，占全社会用电量的3.49%。天然气消费占比由1.5%提高至3.4%。煤炭消费占比降至55.9%，较“十一五”期末显著下降。可再生能源在推动我国能源结构调整，构建清洁低碳、安全高效的能源体系过程中的作用日益显著，价值日益凸显。这一能源结构调整，缓解了传统能源消耗对经济的负面影响，有效地促进了经济发展。

以河南省为例，河南省新能源经过近几年的持续快速发展，已经成为全省第二大主体电源和全省发电装机增量的主体。2018年底，全省新能源发电装机规模达到1522万千瓦，其中光伏规模已达千万千瓦级，成为推动全省能源转型的重要力量。电力作为新能源开发利用的主要载体，在新能源快速发展的过程中发挥了重要作用，有力保障了新能源发电的及时并网和全额消纳，全省无弃风弃光现象发生。随着经济社会对能源安全、生态环境和大气污染防治要求的不断提高，行业技术进步和发电成本不断下降，多能互补、储能等新模式、新业态出现，新能源行业正全面向提质增效方向发展，也对电力和电网发展提出了新的要求。《河南省"十三五"可再生能源发展规划》提出，到2020年风电装机容量达到600万千瓦以上，太阳能发电装机达到500万千瓦以上，目前全省光伏发电已提前完成"十三五"规划所设定的光伏发电装机指标。

江西省"十二五"时期，能源消费总量持续增长，2015年达到8440.3万吨标准煤，比2010年增长34.4%，年均增长6.1%。其中，煤炭消费量为7852万吨，占能源消费总量的68.1%，比2010年降低2.9个百分点；天然气消费量为16.7亿米^3，占能源消费总量的2.7%，比2010年提高1.7个百分点；非化石能源装机规模达717.3万千瓦，比2010年增长78.6%，其中风电、光伏装机规模均超过100万千瓦。

（三）新能源迅速发展，有效促进中部五省的就业创业

中部五省资源禀赋不优，但光伏发电、水力发电、风力发电可作为有益的补充电源，中部五省大力推进与公共建筑、住宅建筑等相结合的分布式光伏发电项目；因地制宜建设与生态保护、污染治理、设施农业、渔业养殖相结合的光伏电站；积极探索太阳能热发电，持续推广太阳能供热应用。太阳能发电呈现跨越式发展也会促进经济的发展，以太阳能为代表的新能源和可再生能源迅速发展，需要更多的经济支持和投资，也在一定程度上促进了中部五省的就业创业。

三、中部地区能源技术与经济发展的关系

（一）中部五省积极推动能源技术创新，经济综合竞争力提升

中部五省的自然资源是有限的，在能源开发和使用过程中需要有所节制，由于地理位置和地理环境不同，中部五省自然能源的埋藏量和埋藏范围也存在较大差异，因而中部五省在经济发展中要注重新科技和新设备的研发，提高能源开发和利用率。

从生产角度来说，中部五省工业生产需要耗费大量的煤炭化石资源，在经济发展过程中不加节制地使用会对中部地区产生严重的环境破坏和大气污染，因而

需要进行生产设备的研发和升级，做好污染物排放处理工作，同时也可以设计使用其他清洁型能源，减少二氧化碳等的排放。中部五省能源技术的创新、加强科学技术的研究、推动能源资源的合理利用，可以加大中部地区在经济发展和合作中科技的研发和使用，规范能源使用行为，实现综合实力的提升。

以中部五省的江西省为例，近年来江西省能源工程安装技术、工艺水平大幅提高。晶科能源基于 60 片多晶电池组件在标准测试条件下功率达到 334.5 瓦，多晶电池线量产平均效率高达 20.13%，创造了多项世界纪录。建成全国首台 66 万千瓦超超临界二次再热煤电机组，建成全省首台百万千瓦煤电机组，实现了煤电主力机型由 30 万千瓦级机组向 60 万千瓦级机组的跨越。2015 年底，60 万千瓦及以上机组占全省统调煤电装机规模达 69%，占全社会煤电装机规模达 63%。可见，中部五省紧紧围绕绿色低碳和节能环保理念，不断加快能源科技创新步伐，微电网、智能电网、“互联网+”智慧能源等蓬勃兴起，能源有望成为引领产业变革和经济转型率先突破的领域。这既有助于中部五省通过技术革命加快推进能源供给侧结构性改革，大力发展绿色能源、智慧能源，促进双重替代，也有助于中部五省具有比较优势的风电整机、光伏组件、智能输配电等能源装备产业加快技术创新步伐，参与国际、国内两个市场竞争，争取更大的发展空间。

（二）中部五省培育能源技术创新体系，推动能源装备产业升级

为促进经济发展，中部五省不断培育能源技术创新体系，打造产学研用相结合的能源科技装备技术创新体系，建设国家级能源科技研发中心和省级研发中心；建设以企业为主的国家和省级工程（技术）研究中心和实验室，鼓励企业加大研发投入。推动能源装备产业升级，形成一批具有国际影响力的企业集团和具有竞争优势的“专、精、特、新”专业化生产企业，建成若干创新能力强、特色鲜明的能源科技装备制造集聚区，产业集中度明显提升。高参数能源装备、新能源装备制造等战略性新兴产业形成竞争优势，能源装备制造服务业持续快速发展。努力增强系统集成能力，逐步形成研发设计、装备制造、工程建设、运行维护、技术服务的完整能源科技装备产业链。提升能源装备行业技术水平，提高中部五省能源科技装备所需关键配套系统与设备、关键零部件与基础件制造能力，争取性能和质量达到国际先进和国内领先水平。提升中部五省重大成套设备、高技术装备自主化率，使经济效益综合指标高于全国能源科技装备产业平均水平。在中部五省骨干企业中大力推广应用科技前沿技术，提高重点产品质量，增强基础装备配套能力，提升能源装备智能化、生产柔性化水平，推广绿色制造技术普遍应用。

（三）中部五省推进能源互联网发展，促进能源与信息深度融合，拓展能源经济产业发展新态势

2016年2月24日，国家发展和改革委员会、国家能源局、工业和信息化部印发《关于推进“互联网+”智慧能源发展的指导意见》，该意见被誉为能源互联网的顶层设计，发布以后得到社会各界的关注。能源互联网，是“互联网+”智慧能源的简称，是一种互联网与能源生产、传输、存储、消费以及能源市场深度融合的能源产业发展新形态，具有设备智能、多能协同、信息对称、供需分散、系统扁平、交易开放等主要特征。中部五省积极探索推进“互联网+智慧能源”发展，促进能源与信息深度融合，发展分布式能源、储能和电动汽车应用、能源大数据服务应用等新模式和新业态。

（四）中部五省大力开发煤炭高效利用技术，提高经济效益

中部五省有序推进大型清洁高效煤电项目建设，积极贯彻落实国家化解煤电产能过剩风险的有关要求，结合中部五省的实际需求，合理安排了大型煤电项目建设投产时序，保障省内电力市场安全平稳地运行。积极支持纳入规划的燃煤热电联产项目建设，认真落实国家热电联产管理有关规定，科学编制热电联产规划，鼓励规范建设背压式燃煤热电联产机组。支持在有条件的经济开发区、中心商务区、公共建筑或商业综合体等处建设天然气分布式能源项目。支持高炉煤气、余热余压余气发电项目建设，从而有效提高了中部五省的经济效益。

（五）中部五省农村电网改造升级工作实施，农村经济得以发展

中部五省农村电网（简称农网）一直是农村基础设施建设的短板之一。为了补齐农网建设短板，中部五省近年来加快推进实施新一轮农网改造升级工作。按照国家新一轮农网改造的有关要求，结合实际情况，中部五省积极开展农网改造工作部署，完成中部五省新型小城镇、中心村和农业生产基础设施的电网改造升级，2020年建成了现代化农村电网体系。小城镇（中心村）供电更加稳定，农村电力消费实现了大幅增长，中部五省农村经济得以发展。

（六）中部五省能源梯级利用和电能替代的发展，降低了中部五省工业企业的能源强度

能源技术提升为经济发展降低了成本，为各行业提供更高效的运作模式和核心竞争力。经济发展离不开能源消耗，能源利用技术和耗能设备效率影响着经济发展的能源成本。以湖北省为例，湖北省近年来一直在推广新型用能方式，推进能源分质分级梯级利用，积极利用低品位能源，挖潜提效，减少能源浪费导致的

成本增加。2013 年，湖北省工业的能耗下降，但工业地区生产总值依旧保持上升的势头。2017 年，湖北省能源消费总量为 17 149.68 万吨标准煤左右，增长约 1.78%，单位地区生产总值能耗同比下降 5.54%。此外，在电能替代方面，湖北省因地制宜，分步实施“以电代煤、以电代油”策略。在工业领域推广电锅炉、电窑炉和电动传输；在农业领域推广热泵、电烤烟、电制茶、电烘谷技术应用，加快农村机井通电工作；在工商、公共服务和生活领域推广电蓄冷、电采暖、电厨炊技术；在交通领域推广船舶岸电、电动汽车、电动船等。这些能源技术都在提升着经济发展效率，让各行业的企业运行得更加高效。

（七）中部五省能源科技研发和装备生产能力加速经济发展

近些年，一部分重大能源科技研发单位相继在中部五省成立，以安徽省为例，2013 年 1 月经国家能源局批准，煤炭开采国家工程技术研究院在淮南矿业集团成立运行。国家煤矿水害防治工程技术研究中心在皖北煤电集团设立。阳光电源股份有限公司技术中心被认定为国家级企业技术中心。清洁燃煤气化系统、大型煤矿采掘成套装备、水泥余热发电成套设备、冶金行业余热锅炉生产技术处于国内领先水平。光伏逆变器、新型动力电池等研制能力居全国前列。

众多高新能源研究单位在中部五省落脚，将大大提升中部五省的能源技术水平，能源技术的改善会在一定程度上促进能源消费的增长，间接加速了经济的发展，特别对于经济发展一般的中部五省而言，这种促进作用将会更加明显。

（八）中部五省可再生能源技术快速发展，新能源技术带来经济创收，助力经济发展

技术创新对新能源的发展有着极其重要的作用。近年来，中部五省的新能源发展迅速，太阳能、生物质能、地热能等新能源开发利用率相较之前得到显著提升。新型能源技术采用一种更为先进、无污染的方式进行资源利用，毫无疑问，对未来社会的可持续发展将产生巨大的推动力，也对经济的发展起到促进作用。

中部五省应用一系列新能源技术为经济社会发展助力，包括非常规天然气勘探技术、高压变频调速技术、稀土永磁无铁心电机技术、蓄热式高温空气燃烧技术、螺旋膨胀动力驱动技术、基于吸收式换热的集中供热技术、新型节能变压器技术等。在当今能源变革和全球低碳发展的大环境下，江西省作为一个“无油、少气、缺煤”和资源相对贫乏的中部省份，对于发展新能源的需求显得更加迫切。有了这些助力新能源发展的新技术，江西省的新能源正在朝着科学的、可持续的发展方向稳步前进。

四、中部地区能源体制与经济发展的关系

（一）中部地区各省进行电力能源体制改革，促进经济快速发展

中部五省电力体制改革有序推进，发电侧从建设到经营基本形成多种投资主体有序竞争的局面。用电侧电力服务水平普遍进一步提高，农村电力供应能力和管理水平稳步提升，有序推进电力用户与发电企业直接交易试点工作，积极开展“以大代小”发电权交易、跨省跨区电能交易，进一步促进电力行业节能减排。电价改革逐步深入，城乡用电和一般工商业用电实现同网同价，在发电环节实现发电上网标杆电价，在销售环节相继出台峰谷分时电价、差别电价、惩罚性电价和居民阶梯电价等政策。加强了与富能省份及大型中央能源企业的合作，积极推动省能源集团公司等到省外、国外投资开发。

这些探索和实践为破解中部五省电力发展和运行难题、有效促进电力行业快速发展、促进中部五省优化能源资源配置、提高能源利用效率和清洁能源消纳水平、提高供电安全可靠性、大幅提升供应保障能力、促进电力产业转型升级、降低经济社会发展电力成本发挥了十分重要的作用。

（二）中部地区逐步构建碳交易机制，推动能源要素高效配置，促进经济高质量发展

中部五省中的湖北省碳市场已经历4个履约周期，4年来，碳排放权交易履约率均为100%，利用市场机制促进节能减碳效果明显。2014～2016年，控排企业碳排放量同比分别下降3.14%、6.05%、2.59%；碳市场运行平稳，各项指标位居前列。截至2018年12月31日，碳配额总成交量为3.23亿吨，成交总额为74.7亿元。制定出台一批法规和文件，实现碳交易各个环节均有法规政策支撑，形成了上下配套的制度体系。

中部五省中的安徽省出台了《安徽省交易场所监督管理暂行办法》，既为各类交易场所规范发展留出空间，又便于地方行业主管部门依据行业特征制定实施细则。

中部五省中的河南省积极明确地提出将通过建立能耗消费报告、审核和核查制度，建立相关奖惩机制、完善交易争议解决机制、设立交易调节基金等措施，推进用能权有偿使用和交易试点。开展用能权有偿交易，逐步构建统一的交易系统，推动能源要素的更高效配置。

中部五省中的江西省成立了江西省碳排放权交易中心，碳排放权交易中心是以政府为主导、市场为导向的江西省碳排放权交易法定机构。

中部五省中的湖南省能源市场交易机制不完善，能源价格关系尚未完全理顺，市场化定价机制尚未完全形成。立法修法工作相对滞后，各类规划协调机制不完善、机制不健全，还需要进一步完善交易机制。

（三）中部五省油气体制改革，下调天然气价格，降低能源成本，促进经济效益

中部五省近些年油气体制改革迈出实质性步伐。2017 年中共中央、国务院印发了《关于深化石油天然气体制改革的若干意见》，启动了中华人民共和国成立以来首次涉及油气上、中、下游产业的全方位改革。方案核心要点包括：在油气勘探开发上，将放开竞争性领域和环节，实行统一市场准入制度，支持民营资本做能源投资；能源价格将“管住中间、放开两头”，放开油气竞争性环节价格，对油气管网的输配环节实行政府指导定价；石油、天然气的进出口以及下游环节也将有序放开；鼓励油企发展股权多元化和多种形式的混合所有制等。2017 年国家发展和改革委员会下发《关于核定天然气跨省管道运输价格的通知》，核定了 13 家跨省管道运输企业的运输成本和价格，核定后天然气平均价格比之前下降了 15%，其中，非居民用天然气价格下调 0.1 元/米^3。目前，中部五省油气管网价格、成本核算、油气混改试点等改革已经在中石油、中石化等央企逐步推进，在中部五省油气体制改革机制下，可有效减少能源成本，促进经济效益增长。

（四）中部五省天然气进行机制体制改革，提高产业竞争力

目前，中部五省能源市场交易机制大多不完善，能源价格关系尚未完全理顺，市场化定价机制尚未完全形成。立法修法工作相对滞后，各类规划协调机制不完善、机制不健全。这给中部五省天然气体制机制改革任务带来了一定的艰巨性。“十三五”期间国家加快推进能源市场化改革，开放电力、石油、天然气等自然垄断行业的竞争性业务，放开竞争性环节价格，形成适应市场要求的体制机制。按照国家总体部署推进中部地区能源体制改革，有利于加快能源市场化步伐，降低中部五省能源价格，进一步提高能源供应质量和效率。

目前，虽然中部五省天然气产业市场化程度不高，市场交易机制不完善，价格关系也不明朗，但是下阶段，随着国家深入推进油气领域市场化改革，市场在天然气产业资源配置中起到决定性作用，中部五省天然气产业发展将迎来前所未有的发展机遇，产业竞争力将得到极大提高。

第二节　中部地区能源发展与社会的关系

能源应用于社会的方方面面，是人类社会生活的重要物质基础。能源消费、供给、技术、体制与社会密不可分。能源消费贯穿于居民衣食住行的方方面面，天然气、电力、汽油等能源已经成为居民生活的主要能源，节能减排与勤俭节约消费观的树立也促进了社会低碳发展。能源供应影响能源安全，加强能源基础设施建设和分布式能源应用保障能源使用安全。能源技术对于各行各业的高效运行

都至关重要，能源技术的提升为国家和地区的科技进步奠定了扎实的基础。能源体制建设促进社会治理体系现代化，为能源发展提供良好的体制环境。能源使人类社会从农耕文明迈向了工业文明，能源发展将会继续推动新的社会文明的形成，推动社会发展进步。

一、中部地区能源消费与社会的关系

（一）实现节能减排，促进社会低碳可持续发展

中部五省在《国务院关于印发“十三五”节能减排综合工作方案的通知》（国发〔2016〕74号）下发后，均颁布了各省的《“十三五”节能减排综合工作方案》，以改善环境质量和提高能源利用效率为目标，加快构建节能环保型产业体系，推进资源节约、环境友好的生产方式和消费模式，增强经济和社会可持续发展能力，实现经济发展与环境改善双赢。

（二）城乡电气化发展及天然气推广利用改善居民的用能方式

《能源生产和消费革命战略（2016—2030）》提出，推动能源消费革命要推动城乡电气化发展，拓宽电力使用领域。大力推进城镇以电代煤、以电代油，加快制造设备电气化改造，提高电气化水平，改善居民用能方式。中部五省在电力及天然气方面正逐步改善能源结构，降低煤炭消费比重，逐步改善居民的用能方式。

湖北省已实施的“电能替代”项目可实现年均替代电量40亿千瓦·时，相当于每年减少能源消费终端标准煤消耗182万吨，减排二氧化碳319万吨，减排二氧化硫、氮氧化物、粉尘等污染物3.4万吨，促进湖北省能源事业发展转型。天然气消费占比稳步提升至2016年的3.28%，煤炭消费占比逐步下降至2016年的49.54%。

安徽省三大主要能源占比中，煤炭占比逐年下降至2017年的72.5%，天然气占比逐年上升至4.5%。2015年，安徽省人均电力消费2360千瓦·时，人均天然气消费47米^3，仅为全国平均水平的57.2%和48%。“十三五”以来，安徽省共完成电能替代电量120亿千瓦·时，相当于节约原煤约672万吨，减少二氧化碳排放1196万吨、粉尘排放326万吨、二氧化硫排放36万吨、氮氧化物排放18万吨。2017年8月，安徽省出台《关于推进安徽省电能替代的实施意见》以来，电能替代电量逐年递增，连续两年突破40亿千瓦·时，城乡电气化水平不断提高。人均天然气消费量由2005年的0.65米^{3}增至2017年的26.68米^3，人均电力消费量由2005年的145.29千瓦·时增至2017年的515.74千瓦·时，天然气与电力消费均大幅提升。

截至 2016 年，河南省已累计推广实施电能替代项目 2700 余个，累计实现电能替代电量 121.6 亿千瓦 • 时，相当于在消费终端减少烧煤 582 万吨，减排二氧化碳 1037 万吨，减排二氧化硫、粉尘等 77 万吨。2017 年，河南省城市天然气用气人口为 1864.98 万人，同比增长 12.9%。天然气消费占能源消费总量的比重持续上升，2017 年天然气占能源消费总量的比重上升为 6.64%，煤炭占能源消费总量的比重下降至 72.31%。

截至 2017 年，江西省完成全年替代电量 25 亿千瓦 • 时，在全省推广“一县一品”“一县多品”电能替代。建设能效服务共享平台，推进公司、社会、客户能源数据互通共享，为用电端提供节能改造、合同能源管理等用能服务，促进节能新技术应用，推动全社会能效提升。

（三）树立勤俭节约消费观能积极引导合理用能的生活方式和消费模式

中部五省均颁布了适合本省实际的节约能源条例，为节约能源、提高能源利用效率、保护和改善环境、促进生态文明建设和经济社会全面协调的可持续发展提供立法保护，也进一步约束和引导居民节约用能、合理用能，促进居民生活方式和消费方式的改变。

二、中部地区能源供给与社会的关系

（一）科学有序清洁发电，保障能源供应安全和社会安全

中部五省由于自身资源禀赋的限制，各省能源供应也不完全相同，为保障能源供应，需要科学有序地发展清洁火电，有序推进大型清洁高效煤电项目建设，保障省内电力市场安全平稳地运行。

湖北省受煤、油、气等自然资源禀赋限制及水电大规模外送的影响，能源对外依存度仍将长期处于高位，能源供应安全保障依然面临较大的压力。2017 年能源可供量为 17 150 万吨标准煤，一次能源生产量为 5492 万吨标准煤，占可供量比重约 32%，外省调入及进口量为 14 540 万吨标准煤，占比约 84.8%，能源调出及出口量达 2815 万吨标准煤，占比约 16.4%。为保障能源供应，要科学有序地发展清洁火电，有序推进大型清洁高效煤电项目建设，保障省内电力市场安全平稳地运行。新能源继续保持较快的发展势头，截止到 2017 年底，全省建成新能源装机 740 万千瓦，新能源并网装机占全省发电总装机容量的 10.4%。

安徽省煤炭资源丰富，能源对外依存度不高，近年来，经济、社会的发展导致能源消费总量逐渐增加，但能源生产总量在 2013 年呈下降趋势，能源生产已无法满足能源消费的需求，能源对外依存度呈上升趋势，能源安全保障面临较大压力。

河南省是能源资源大省，就能源资源禀赋来看，煤炭、石油是主要的能源资源，还拥有数量可观的天然气、煤气层、水电等能源，但能源生产总量无法满足能源消费需求及能源外送的需求，能源供应安全保障仍然面临较大压力。2017 年，河南省能源消费总量为 22 943.82 万吨标准煤，一次能源生产量仅为 10 090.81 万吨标准煤，外省调入达 19 273.19 万吨标准煤，能源对外依存度较高。

江西省在“十二五”期间，供应能力有效增强；清洁能源快速发展，消费结构不断优化；节能环保成效明显，利用效率大幅提高；科技研发力度加大，装备水平稳步提升；体制改革有序推进，对外合作取得成效。2017 年能源消费量为 8995.3 万吨标准煤，一次能源生产量为 1525.19 万吨标准煤，自给率为 17%左右。为保障全省能源供应、提高省内能源自给能力，加强省际能源合作势在必行。2017 年，清洁能源消费占比 14.5%，清洁能源装机容量达 101 万千瓦，有力地保障了能源供应安全。

湖南省资源禀赋不优，能源对外依存度一直处于高位，外省调入能源由 2010 年的 8352.74 万吨标准煤增长至 2017 年的 12 784.32 万吨标准煤，占能源消费总量的比重已由 2010 年的 56%增长至 79%，能源供应安全保障依然面临较大压力。

（二）逐步完善能源基础设施和规模建设，提高保供能力，保障社会用能

湖北省近几年的能源基础设施逐渐完善，如蒲圻电厂、汉川电厂、西塞电厂、猇亭热电、荆门热电、应城热电等一批大型电源点项目顺利建成投产，保证了居民用电，完善了城镇燃气基础设施，2020 年全省乡镇同期比例达到 40%左右。省内天然气支干线、支线及联络线和成品油管道建设加快，全省原油成品油管道里程达 1690 千米，天然气管道里程达 5176 千米。加强煤炭物流建设，建设煤炭物流公共服务平台，提高煤炭供应保障能力。截至 2019 年 6 月底，湖北省建成公共充电桩 13 422 台，6 月单月，湖北省电动汽车充电量达 1968.1 万千瓦 • 时，显示湖北省电动汽车充电需求旺盛，公共充电基础设施配套建设还需加强。

安徽省电力、油气管网覆盖面大幅提高，建成淮南—浙北—上海特高压输电工程，加强骨干电网建设，推进农村电网升级改造，各级电网协调运行。建成成品油管道 520 千米，建成天然气管道 600 千米，天然气干支线管道总长度突破 2000 千米，2017 年安徽省出台《安徽省油气管网基础设施建设规划（2017—2021 年）》，提出加快一体化、网络化、智能化主干油气管网架建设，实现管道天然气“县县通”。安徽省还加快煤炭物流发展，完善矿区专用铁路网建设，完善煤炭物流园区功能，开展煤炭储配基地项目建设，形成布局合理、功能完善的煤炭物流体系建设，提高煤炭供应保障能力。

河南省能源基础设施建设稳步推进，三门峡火电厂三期、丹阳电厂异地扩建、

濮阳龙丰、周口隆达扩建、洛阳万基、新乡赵固低热值煤发电等火力发电项目加快推进。兰州—郑州—长沙成品油、西气东输二线、端氏—晋城—博爱煤层气等跨省油气管线和省内配套管网、储备调峰设施相继建成，全省油气长输管道达到7500千米。各级输电网架逐渐完善，实现了村村通动力电和平原地区"井井通电"，电力保障能力显著提升，有效保障了能源使用安全。

江西省近几年着力于能源基础建设，国家电投景德镇1×66万千瓦机组、贵溪2×64万千瓦机组等火电站陆续投产。建成中石油西气东输二线江西段、省天然气管网二期工程十余段管道以及十座压缩天然气加气母站。可再生能源多点开花：水电、风电、光伏发电、生物质发电、垃圾焚烧发电项目均有建设。全省电力装机规模由2011年的1417.92万千瓦·时增长为2018年的3554万千瓦·时，增长了150.6%，有力地保证了全社会用电用能。

湖南省到2018年底，全省天然气管网总里程超过2000千米，覆盖全省63个县市区。中石化新疆煤制天然气外输管道工程、中石油西气东输三线天然气管道工程建设、重庆酉阳—湖南龙山管道建设、湖北石首—湖南华容管道建设等天然气基础管道建设，极大地提升了天然气供给保障能力，保障了居民用气。全省电网基础设施建设也取得成效，截至2019年6月，新一轮电网改造升级任务正在抢抓施工黄金期，全省农村电网供电可靠率达到99.8%、综合电压合格率达99.8%。

（三）智慧能源建设与社会服务灵活高效发展相互促进

智慧能源是将能源与现代信息化技术相结合的智能化能源形式。"互联网+"智慧能源的发展是推动能源革命的重要支撑，对提高清洁能源比例、促进能源清洁高效利用、提升能源综合效率、推动能源市场开放和产业升级、促进社会低碳高效发展具有重要意义。

2017年安徽省四个项目入选首批"互联网+"智慧能源示范项目，依托示范项目，积极探索城市能源互联网、智慧能源与各个行业融合发展，为建立能源生产、传输、存储、消费等与互联网密切关联的能源产业发展新模式积累经验，促进社会服务灵活高效地发展。通过推动能源生产消费智能化，建设能源行业管理信息系统，促进能源行业智能高效地发展，通过能源信息化发展敦促社会信息化高效发展，改善能源及社会管理水平，为居民提供优质的社会能源服务。2017年，河南省鑫贞德有机农业股份有限公司基于"互联网+"智慧新能源的多种能源互补型智能电站项目、中国平煤神马能源化工集团有限责任公司特大型能源化工基地"互联网+"智慧能源示范项目入选国家首批"互联网+"智慧能源示范项目名单。加强统筹规划和系统优化，以提高电网安全经济运行水平和可再生能源消纳能力为重点，推进"互联网+"智慧能源发展，构建集中与分布协同、供需双向互动、多能互补、高效灵活的智慧能源系统。

（四）分布式能源建设为用户提供多种安全可靠能源

分布式能源是分布在用户端的能源综合利用系统。建设分布式能源系统，实现直接满足用户多种需求的能源梯级利用，可有效提高能源利用的安全性和灵活性。分布式能源建设缓解了能源供应压力，提高了调峰能力，稳定了局部电网，为用户提供多种安全可靠的能源。

2019 年，湖北省恩施市启动首期投资 3000 万元、占地 100 亩[①]的分布式智能光纤管道项目。随州市分布式光伏发电已突破 100 万千瓦。湖北省 82 个项目被纳入 2019 年光伏发电项目国家竞价补贴范围，总装机容量为 125.1626 万千瓦，其中普通光伏电站 19 个，总装机容量 105.7 万千瓦；全额上网工商业分布式光伏发电项目 2 个，总容量为 7599 千瓦；自发自用、余电上网工商业分布式光伏发电项目 61 个，总容量为 18.7027 万千瓦。

“十二五”期间，华电九江 7.8 万千瓦天然气分布式发电机组等项目陆续落户。该项目是国内第一个获得核准的工业园区分布式能源站项目，也是国家能源局确定的全国第一个分布式能源示范项目。

湖南长沙黄花国际机场多联供能源站实现了天然气分布式能源零的突破，能够为 15.4 万米 ^{2} 的新建航站楼提供全年冷热及部分电力供应。2015 年末，湖南省累计建成分布式能源项目 20 个。湖南省天然气分布式能源发展取得极大进步，实现了 2020 年天然气分布式能源 120 万千瓦的装机目标，能为用户提供灵活高效的清洁能源。

三、中部地区能源技术与社会的关系

（一）能源技术产业发展，推动高质量就业，创造大量就业岗位

就业是民生之本，科学技术的发展能够创造更多高新技术就业岗位，提高就业质量。武汉光谷氢能产业发展、襄阳新能源汽车产业发展、湖北省光伏产业发展在推动科技进步的同时，也创造了高新技术就业岗位。湖北省国家能源压水反应堆技术研发中心、国家能源天然气长输管道技术装备研发中心、国家能源煤炭清洁低碳发电技术研发（实验）中心和国家能源新能源接入设备研发（实验）中心的建设涵盖了核电、天然气、新能源接入、清洁能源碳捕捉等多个新能源产业的关键领域，为全省新能源产业发展提供强大的技术支持，推动新能源产业发展。在技术研发上，打造产学研用相结合的能源科技装备创新体系，形成一批具有知识产权的能源科技产品及知名品牌，培养一批具有科技视野的领军人才，以技术产业发展推动高质量就业。

---

①1 亩≈666.7 米 ^{2}。

光伏与锂电是江西省新能源产业的两根顶梁柱，龙头企业高质量、快速地发展，在带动相关产业同步腾飞的同时，培育了一批具有自主知识产权的高科技产品和业内知名品牌，一批具有广阔视野、杰出才能的人才脱颖而出，以技术产业发展推动高质量就业，为当地创造了大量就业岗位。

湖南省已有以中国电子科技集团公司第四十八研究所、红太阳为代表的光伏产业，以湘潭电机、株洲时代为代表的风力装备制造，以株洲南车、比亚迪为代表的新能源汽车，以威盛电子、衡阳特变为代表的智能电网等企业，能源产业发展基础良好。全省有高等院校 128 所，省级及省级以上科研事业机构 970 家，人才为能源技术发展奠定了基础。湖南省先进储能材料、动力电池及新能源汽车产业链是湖南省产业基础较好、链条完整的产业链，拥有规模以上企业 100 余家，提供了大量高新技术就业岗位。

（二）能源技术进步改善居民生活舒适度

随着生活水平的提高，居民从满足基本生活能源需求到能满足舒适生活能源需求，能源需求发生了极大增长。能源技术进步，可保证能源供应，满足居民生活用能。新能源汽车发展促进居民绿色低碳出行，光伏脱贫项目在改善民生的同时为社会提供了清洁电力，“互联网+”智慧能源的发展促进能源与信息深度融合，为居民提供便捷化的能源服务，改善居民用能舒适度。探索清洁低碳节能新技术，发展可再生能源，加强能源基础设施装备研发，促进能源大数据发展，这些能源技术的发展，保障了社会用能安全，为居民提供多样化的能源服务，改善了居民用能舒适度。

中部五省中的湖北省全社会用电量由 2010 年的 1330 亿千瓦•时增长至 2018 年的 2071.43 亿千瓦•时，增长了近 60%；中部五省中的安徽省全社会用电量由 2010 年的 1077.92 亿千瓦•时增长至 2018 年的 2135.07 亿千瓦•时，增长近 1 倍；中部五省中的河南省全省全社会用电量从 2010 年的 2354 亿千瓦•时到 2017 年的 3166.17 亿千瓦•时，增长了 34.50%。中部五省中的江西省全省全社会用电量从 2010 年的 700.51 亿千瓦•时到 2017 年的 1293.98 亿千瓦•时，增长了 84.72%；中部五省中的湖南省生活电力消费已由 2010 年的 204.15 亿千瓦•时增长至 2017 年的 408.9 亿千瓦•时，增长约一倍。能源技术的进步极大地保障了能源供应能力，满足了居民智能家居、新能源汽车等用能需求，极大地提高了生活舒适度。

（三）能源技术发展推动技术研发水平进步

科学技术是第一生产力，技术进步推动社会进步。能源作为国家的安全命脉，其技术水平在整个社会科技水平的占比不容忽视。

中部五省对能源技术也日益重视，湖北省科研机构数量较多，在清洁煤电、新能源、现代电网、先进储能、能源互联网等领域的技术创新不断突破，更加注重科技引领和产业升级，充分发挥科技创新引领作用，建设一批国家级能源科技研发中心，以及一批以企业为主的国家和省级工程技术研究中心和实验室，推动能源技术的发展。安徽省加大煤矿安全改造和技术升级力度，采用配煤、型煤等先进煤炭加工技术，加强煤炭焦化、气化、液化、煤制天然气和烯烃等关键技术的研发应用，以技术推进煤矿绿色高效安全发展；推动智慧能源建设，积极利用互联网技术拓展电力直接交易平台功能，加强能源大数据技术应用，促进多领域能源大数据的集成融合和共享。安徽省组建了综合性国家科学中心能源研究院，为能源安全规模发展提供重要的技术支持，促进先进技术的研发利用。河南省以提高装备创新能力建设为核心，通过实施重大科技专项、重大技术装备和示范工程项目，优化配置能源科技资源，建设一批国家级、省级能源重点实验室、工程实验室、工程技术研究中心等研发平台，以能源技术发展推动先进技术的研发应用。智慧能源技术的发展推动物联网、云计算、大数据等新一代信息技术的研发应用，为能源持续健康发展提供新的动力。江西省委、省政府把大力发展新能源产业作为加快推进新旧动能转换、实现工业高质量跨越式发展的重要抓手。湖南省高校及研究机构众多，科技研发能力较强。湖南省生物柴油研发技术全国领先，加强对生物柴油的研发有助于减少对石油等一次能源的依赖，推动各行各业清洁低碳可持续发展。吉利汽车新能源技术改造推动汽车产业相关技术的发展，带动汽车产业的技术升级。

四、中部地区能源体制与社会的关系

（一）能源监管机制的建立健全，改善居民用能意识

中部五省不断优化能源监管体系，进一步健全完善能源监管工作机制，切实保障能源行业相关法律、法规、规章、政策及规划的有效实施。以用能监管机制促进企业经营者、个体项目者规范用能行为；加强各省能源行业生产安全工作监管，改善居民安全用能意识；加强节能执法监察，改善居民节能意识；完善监管制度，提升监管效能，运用市场、信用、法制等手段，加强对能源市场主体持续性动态监管，防范安全风险，维护能源生产利用秩序，通过能源监管机制建设逐步改善居民用能意识。

（二）能源价格管理保障居民基本用能需求

能源价格如汽油、天然气、电等能源价格变动直接影响居民生活，能源价格起伏影响社会稳定。中部五省在提高能源市场活力，建立主要由市场决定价格机制的情况下，不断健全政府在重要民生和部分网络型自然垄断环节的价格监管机

制，保障居民用能。发展能源循环经济，完善资源有偿取得制度，建立反映市场供求关系、资源稀缺程度、资源损害成本的资源要素价格形成机制。进一步理顺能源价格机制，加快推进天然气价格改革，逐步放开非居民用天然气气源价格，落实页岩气、煤层气等非常规天然气价格市场化政策；适度推广天然气发电，逐步推进天然气分布式能源冷、热、电价格市场化；完善可再生能源发电价格政策，通过多种途径对新能源发电进行补贴；研究建立流域梯级效益补偿机制，适时调整完善燃煤发电机组环保电价政策，鼓励燃煤发电机组实现清洁排放。加强政府定价成本审核，推进定价公开透明，保障居民用能价格，维护市场稳定。

第三节　中部地区能源发展与生态环境的关系

一、中部地区能源消费与生态环境的关系

（一）中部五省能源结构高碳特征明显，加重生态环境压力

中部五省能源消费结构体现出“高碳”特征，煤炭消费占比远高于其他能源占比，近年来能源消费结构虽有所改善，但短时间内能源消费结构不会发生根本性变化。中部五省能源消费结构的不合理，导致以二氧化碳为主的污染气体排放量不断增加，给中部五省的生态环境带来很大压力。

（二）中部五省能源结构不断优化，推动生态环境低碳发展

中部五省中的湖北省作为典型的能源输入区，具有“缺煤、少油、乏气，水电资源开发殆尽”的特点，煤炭调入量占煤炭消费量的90%以上，煤炭在能源消费中的占比最高，2011 年以来煤炭消费比重逐年下降，但占比仍在 50%以上。

煤炭作为中部五省中安徽省的主要消费能源，近年来消费总量持续增长。2018 年安徽省煤炭消费总量为 9900 万吨标准煤，较 2010 年增加 1532.57 万吨标准煤，年均增长率为 2.12%。但是，由于省内污染防治工作力度的不断加大，煤炭占能源消费比重呈下降趋势，2018 年煤炭占能源消费比重为 74.27%，较 2010 年减少 14.61%。2018 年河南省煤炭消费总量为 22 105.26 万吨标准煤，较 2010 年减少 3944.74 万吨标准煤。

中部五省中的湖南省的消费能源主要是煤品燃料、油品燃料以及电能等其他能源，而以煤炭为主的燃料是湖南省最主要的能源消费燃料，其所占比重基本维持在 60%以上。近些年，湖南省不断调整、优化能源消费结构，逐渐减少煤炭、石油等化石能源消费占能源消费的比重。2010 年，湖南省煤炭消费量为 9339.09 万吨标准煤，占能源消费总量的比重为 62.88%；2017 年湖南省煤炭消费量为 10 121.53 万吨标准煤，占能源消费总量的比重为 62.89%。

尽管煤炭仍是中部五省最主要的消费能源，其在能源消费结构中的主导地位在短时间内并不会被替代，但是近年来随着非化石能源在能源消费结构中的比重不断上升，对环境会造成较大污染的第二产业在产业能源消费结构中的比重不断下降，能源消费结构不断得到优化，二氧化硫、氮氧化物、烟尘等大气主要污染物的排放呈现明显的下降趋势，中部五省能源消费革命对环境的改善效果显著。

（三）中部五省推进电能替代，减少污染物排放

电能替代是在能源消费上实施以电代油、以电代煤，推广使用各类生活电力产品、生产电力设备、电动交通工具等，提高电能的替代范围，减少化石能源的消耗，降低污染物排放，保护生态环境。

中部五省中的湖北省是能源消费大省，但不是能源大省，煤炭和石油在能源消费结构中处于主导地位，而 2016 年，湖北省的电力能源仅占终端能源消费的 13.3%，低于全国平均水平近 9 个百分点。湖北省地区作为西电东送的通道、南北互供的枢纽，在地理位置上是全国的核心腹地。各等级电网的建设与完善，为实施电能替代创造了有利条件。

中部五省中的湖南省在《湖南省电能替代工作实施方案》中提出 2016～2020 年实现能源终端消费环节电能替代散烧煤、燃油消费总量约 550 万吨标准煤，电煤占煤炭消费比重达到 36.9%，带动电能占终端能源消费比重提高约 1.5%，促进电能占终端能源消费比重达到 27%。

中部五省中的安徽省提出 2017～2020 年完成电能替代电量 90 亿千瓦 • 时以上，为电动汽车推广提供保障，到 2020 年底，新增集中式充换电站超过了 500 座、分散式充电桩超过了 18 万个。

中部五省中的河南省，2016 年完善电能替代配套政策体系，重点区域、重点领域电能替代工作全面展开。2020 年，在能源终端消费环节形成年电能替代散烧煤、燃油消费总量 650 万吨标准煤的能力，带动电煤占煤炭消费比重提高约 2.6 个百分点、电能占终端能源消费比重提高 2 个百分点以上。

中部五省中的江西省到 2020 年，全面完成列入计划的燃煤（油、柴）锅炉改造任务，逐步淘汰公共事业单位小型燃煤（油、柴）锅炉，加快推进“无烟”风景区建设，电烤烟、电制茶、港口岸电全省覆盖率达到 80%以上；建成充电站 260 座、充电桩 10 万个。

综上，中部五省积极进行电能替代，从能源供给侧和需求侧两端发力，积极引导省内工商业、企事业单位和城乡居民实施电能替代，促进清洁电能消费增长，推动产业结构优化升级，转变经济发展方式，改善环境和提升效率，减少污染物的排放。

（四）中部五省不断推行节能降耗，促进经济转型升级，发展绿色循环经济，减少温室气体排放

大力推行节能降耗，走绿色发展之路不是选择题，而是一道事关百姓福祉、长远发展的必答题。

以湖北省为例，湖北省坚定不移地控制能源消耗总量和强度，通过落实目标责任、优化产业结构、推动技术进步、强化政策激励等措施，能源消耗总量和强度“双控”工作取得积极成效，经济绿色化程度不断提高。与2015年相比，2017年全省单位生产总值能耗、二氧化碳排放量分别下降10.23%和12.4%，分别完成“十三五”目标。中部五省中的湖南省化学需氧量、氨氮、二氧化硫、氮氧化物、挥发性有机物排放总量分别控制在108.57万吨、13.58万吨、47.05万吨、42.24万吨、88.45万吨以内，比2015年分别减少10.1%、10.1%、21%、15%、10%。

同样地，中部五省中的安徽省化学需氧量、氨氮、二氧化硫、氮氧化物排放总量分别控制在78.5万吨、8.3万吨、40.3万吨、60.6万吨以内，比2015年分别下降9.9%、14.3%、16%、16%。全省挥发性有机物排放总量在2015年的基础上下降10%以上，实施能源消耗总量和强度双控行动，改革完善主要污染物总量减排制度。

二、中部地区能源供给与生态环境的关系

中部五省不断开发和利用新能源，优化能源供应结构，改善大气环境质量。近年来，中部五省通过不断开发利用新能源，同时减少化石能源开采，能源供应结构得到持续优化。以湖北省为例，通过落实优质煤炭资源保障，停止审批新建煤矿项目，将深化煤炭行业供给侧结构性改革与做好民生保障、能源供给相结合，依法有序地推进煤矿关闭退出。配合全国煤炭交易中心建设，加强与陕西、内蒙古、山西、甘肃等煤炭资源大省及主要煤炭企业合作，启动建立华中煤炭交易市场。以资本及市场为纽带，充分发挥铁路通道运能，巩固“海进江”运输通道，引入省外优质煤炭，保障省内煤炭的长期稳定供应。同时，积极推进非可再生能源发展，通过重点开发建设风电、太阳能、生物质能项目，加大地热能资源勘查和技术研发、推广力度，积极推进地热能规模化利用，努力提高非可再生能源在能源结构中的比重等一系列措施，不断降低化石能源在能源生产结构中的比重，提高清洁能源比重，优化能源生产结构，大气环境质量得到进一步提升。

中部五省目前能源供应的变化对生态环境的积极影响主要体现在以下几个方面。

（1）中部五省化石能源清洁化利用，改善大气质量，推动节能减排。

（2）中部五省充分利用水能、风能、太阳能等优势能源，实施低碳经济，缓

解能源供应压力，发挥减排潜力。

（3）中部五省大力发展清洁可再生能源发电，加快装机结构优化，进一步改善五省生态环境。

（4）中部五省煤炭、石油、天然气等化石能源产量不断减少。

（5）中部五省电力供给能力提升，火电占比下降。

（6）中部五省能源生产结构优化，废气排放量呈下降趋势。

三、中部地区能源技术与生态环境的关系

（一）中部五省加快节能减排技术的推广，推进中部地区绿色发展

节能减排，技术优先，中部五省以领先的节能减排技术，推动大批用能单位开展综合节能减排行动，加快新技术和新产品在湖北省的推广应用，以示范项目为抓手，促进节能减排技术的推广与应用工作，发挥辐射引领作用，形成可复制的节能减排成果推广模式，进一步依靠科技创新推进中部地区绿色发展。

中部五省中的湖北省作为“中美绿色合作建筑节能行动计划”推进的“先行试点示范”省份，将完成30个涵盖酒店、医院、商业综合体、大型商超、工业等类型的节能示范项目，并推动形成服务于湖北省的基于互联网、物联网、大数据的智慧能源信息系统、特选供应商平台、线上线下节能人才教育培训平台与专业工程师共享平台，从而推动大批用能单位开展综合节能减排行动，提升湖北省节能产业整体发展水平。

中部五省中的河南省加快节能减排共性关键技术研发示范，围绕工业、能源、交通、农业、建筑、资源环境等相关领域节能减排和优化升级的重大科技需求，着力整合集聚各类创新要素，开展节能环保共性关键技术攻关。

中部五省中的湖南省推进节能减排科技资源集成和统筹部署，实施节能减排重大科技产业化工程，推进节能减排技术系统集成应用，完善节能减排创新平台和服务体系，加快引进国外节能环保新技术、新装备，推动省内节能减排先进技术装备“走出去”。

安徽省推进重点行业节能共性、关键技术及重大技术装备产业化发展。

（二）中部五省大力发展清洁低碳能源开发利用技术，有效破解大气污染难题

中部五省推动化石能源清洁高效开发利用，分梯次推进工业锅炉、供热锅炉、工业窑炉治理改造，结合城中村、城乡接合部、棚户区改造，扩大城市无煤区范围。加大煤电机组升级改造力度，逐步淘汰关停违规和排放不达标的小型燃煤发电机组。优化石化生产控制技术，推动氯碱、纯碱、电石、聚氯乙烯等产品原料

和技术路线向节能、清洁、低成本方向发展，实现清洁生产和节能减排。

中部五省推动非化石能源清洁高效开发利用，重点开发建设风电、太阳能、生物质能项目，加大地热能资源勘查和技术研发、推广力度，积极推进地热能规模化利用。依据风能资源条件与消纳条件，坚持风能集中开发与分散开发相结合。因地制宜建设分布式太阳能光伏发电，持续推广太阳能供热应用。结合资源综合利用和生态环境建设，有序推进生物质发电开发，推动生物质沼气、液体及固体成型燃料的综合利用。

中部五省大力发展清洁低碳能源开发利用技术，以技术创新助力环境改善。

（三）中部五省推动可再生能源领域技术创新，加快构建绿色、低碳的能源技术体系

中部五省通过能源技术创新，加快构建绿色、低碳的能源技术体系。在可再生领域，要重点发展更高效率、更低成本、更灵活的风能、太阳能利用技术，生物质能、地热能、海洋能利用技术，可再生能源制氢、供热等技术。在核能领域，要重点发展三代、四代核电，先进核燃料及循环利用，小型堆等技术，探索研发可控核聚变技术。中部五省为了更好地开发利用可再生能源，促进节能减排，积极应对气候变化，更好地满足经济和社会可持续发展的需要，进行了水能、风能、太阳能、生物质能和地热能的规划。中部五省可再生能源行业科技创新步伐明显加快，能源供给形式不断创新，分布式能源快速发展。微电网、智慧能源、“互联网+”、能源梯级利用、多能互补、储能技术等新技术的不断涌现，为可再生能源的发展提供了新的开发利用模式。

风电、太阳能发电、太阳能热利用在能源生产过程中不排放污染物和温室气体，而且可显著减少各类化石能源消耗，同时降低煤炭开采的生态破坏和燃煤发电的水资源消耗。中部五省可再生能源开发利用，将节约和替代大量化石能源，显著减少污染物和温室气体排放，有利于实现可持续发展，符合建设资源节约型、环境友好型社会的要求，具有良好的综合性经济和社会效益。

四、中部地区能源体制与生态环境的关系

（一）中部五省推进电力体制改革，积极发展分布式电源，促进清洁能源高效开发利用

中部五省稳步推进售电侧改革，有序向社会资本放开配售电业务，深化电力体制市场化改革，实现中部五省电力市场公平有效竞争。开放电网公平接入，建立分布式电源发展新机制是中部五省电力改革的特点之一。

积极发展分布式电源、放开用户侧分布式电源市场是促进清洁能源高效开发利用的重要手段之一。分布式发电具有灵活、可控、调节性好等特点，当前以分布式发电和微电网为标志的多元电力供应体系已是当代国际能源技术革命的大势所趋。放开电网接入、建立分布式电源发展新机制，对促进中部五省分布式电源的发展、智能电网技术的发展以及可再生能源的利用都具有重要的现实意义。

（二）中部五省推进石油、天然气体制改革，提升全产业链安全清洁运营能力

近年来，中部五省石油对外依存度快速上升，石油工业面临的主要问题是“产量、采油技术、采收率、采油成本及环境保护”，缓解中部五省石油供求之间日益突出的矛盾有两条有效的途径：一是寻找新的储量；二是提高现有地质储量的采收率。

目前，上游油气资产的开放正在进入变革的时期，改革的大潮中充满了挑战，但也充满了机遇。通过建立健全油气安全环保体系，可以提升全产业链安全清洁运营能力，完善有序放开油气勘查开采体制，提升资源续接保障能力以及建立健全油气安全环保体系，提升全产业链安全清洁运营能力，促进油气行业持续健康发展。

第三章　中部地区能源革命对经济、社会发展和生态环境保护的推动作用

第一节　能源革命推动中部崛起的内涵及其机理

一、中部崛起的内涵

中部崛起计划首次施行于第十一个五年计划期间。这期间的发展重点为依托已有基础，提升产业层次，推进工业化和城镇化，在发挥承“东”启“西”和产业发展优势中崛起。“崛起”意味着存在明显差距，是在现有基础上依靠国家扶持和促进的一种提高与发展。2016 年《国务院关于促进中部地区崛起“十三五”规划的批复》（国函〔2016〕204 号）原则同意《促进中部地区崛起“十三五”规划》（以下简称《规划》）。《规划》要求中部地区深入统筹推进“五位一体”总体布局和协调推进“四个全面”战略布局，牢固树立和贯彻落实创新、协调、绿色、开放、共享的发展理念，适应、把握和引领经济发展新常态，以提高发展质量和效益为中心，加快推进产业结构优化升级，加快打造城乡和区域一体化发展新格局，加快构筑现代基础设施网络，加快培育绿色发展方式，加快提升人民生活水平，推动中部地区综合实力和竞争力再上新台阶，开创全面崛起新局面。河南、安徽、湖北、湖南和江西五省崛起是“中部崛起”最重要的组成部分。2005～2018 年，中部五省地区生产总值由 33 300.15 亿元增加到 134 445.5 亿元（以 2005 年基期计算），经济总量增加了 3.04 倍，年均增长率为 11.33%。中部五省在经济体量明显增大、经济实力显著提升的基础上，原来生产力落后的状况已经得到相当程度的改变，生产力发展的制约因素更多表现为经济社会发展不平衡、不充分，特别是表现为经济结构性矛盾尖锐、生产效率性问题突出、社会民生建设滞后和资源环境约束趋紧等，详见人均地区生产总值变化表（表 3-1）。

表 3-1　中部五省 2005 年与 2018 年人均地区生产总值变化对比

项目	河南省	湖南省	湖北省	江西省	安徽省
2005 年人均地区生产总值/万元	1.13	1.04	1.14	0.94	0.87
2005 年人均地区生产总值排序	2	3	1	4	5
2018 年人均地区生产总值/万元	5.03	5.31	6.67	4.76	4.80
2018 年人均地区生产总值排序	3	2	1	5	4

由表 3-1 可以看出，2005 年河南省、湖南省、湖北省、江西省和安徽省人均地区生产总值分别由 2005 年的 1.13 万元、1.04 万元、1.14 万元、0.94 万元和 0.87 万元上升到 2018 年的 5.03 万元、5.31 万元、6.67 万元、4.76 万元和 4.80 万元。中国特色社会主义进入新时代，我国社会主要矛盾已经转化为人民日益增长的美好生活需要和不平衡不充分的发展之间的矛盾，解决发展不平衡不充分问题，必然要推动高质量发展。2035 年是中国基本实现现代化的时间节点。因此，能源革命推动中部崛起的内涵就是能源如何支持中部五省基本实现现代化问题，即生产方式工业化和生活方式城镇化的高质量发展。

二、能源革命推动中部崛起的内在机理

能源是人类文明的基石、发展的动力。在人类经济发展史上，能源由薪柴转换到以煤炭、石油等化石能源为主导，极大地推动了经济的发展和社会的进步。在由薪柴向煤炭的转换中，蒸汽机技术的创新促成了这次转换；由煤炭向石油转换的过程中，电力和内燃机的创新促成了能源的又一次变革。纵观人类史上的能源变革，能源推动经济发展和社会进步，使相应的技术得到创新。但是，能源由薪柴转换到以煤炭能源为主的化石能源消费给地球资源和环境带来了巨大的压力，也引发了一系列生态环境问题。当前，伴随着新一轮科技革命和产业变革，全球能源供需格局正在发生重大变化。传统化石能源开启了绿色、低碳、高效利用的新征程，互联网技术和可再生能源深度融合，成为全球第三次能源革命的重要特征。党的十九大报告①指出“构建清洁低碳、安全高效的能源体系”。由此，中部地区的能源革命必然是在技术创新的推动下促进能源结构的转换和能源效率的提升，以高品质的能源体系满足人民对美好生活的需求。因此，能源革命对中部地区经济高质量发展就必然有其重要的推动作用（图 3-1）。

① 习近平. 决胜全面建成小康社会　夺取新时代中国特色社会主义伟大胜利——在中国共产党第十九次全国代表大会上的报告.[2017-10-27].http://www.gov.cn/zhuanti/2017-10/27/content_5234876.htm.

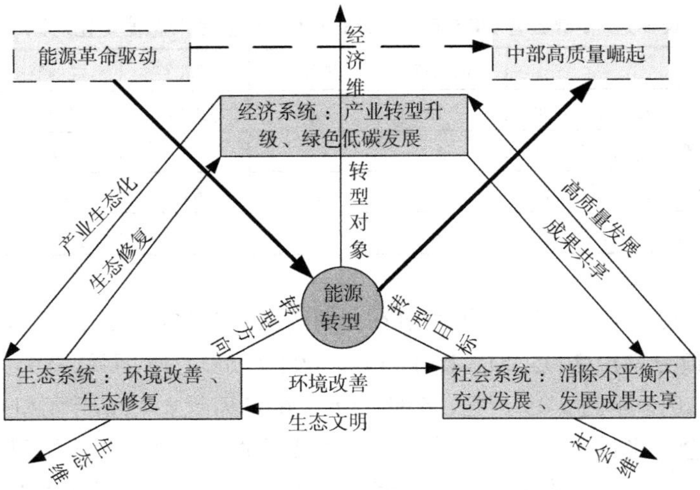

图 3-1　能源革命推动中部崛起的内在机理

从经济维度而言，高品质能源驱动经济高质量发展，就是一个经济体（或企业）在生产投入上能利用科技进步科学配置能源，推动能源效率变革，实现能源配置从过去的粗放经营转向集约节约经营，使能源的利用效率明显提高；在产出上，能通过科技进步和管理创新推动能源质量变革、动力变革，使产出的能源品质明显提升，经济效益大大提高。以安徽省为例，安徽省能源以煤炭为主，煤炭的主要利用方式是煤作为燃料，2017 年煤炭转化方式中，电煤占煤炭消费的比重提高至 55.2%，其利用效率远远低于炼焦和炼油，中国矿业大学教授魏贤勇指出，煤炭如此宝贵的资源被作为燃料烧掉非常可惜。因为，煤炭的利用方式除了作为燃料获得热能之外，还可作为化工原料，煤炭用作化工原料具有极大的环境效益和经济效益。中部地区能源革命应全面考虑煤炭经济效益、环境效益和社会效益。

从生态维度而言，能源革命推动高品质能源的转型方向——生态和谐。绿色发展是新时代五大发展理念之一，也是人民美好生活的重要需求。长期以来，煤炭能源在中部地区的能源结构中居于主导地位。一方面，煤炭长期的粗放开采，导致浅层的煤炭资源已经短缺，随着开采深度的增加，煤炭开采条件恶化，突水及顶板灾害更趋严重，受灾害影响的新矿井数量占新建矿井总数的比例将逐步增加，水文地质条件复杂，奥灰水对煤矿的安全生产造成严重威胁；同时，煤炭开采造成耕地、林地、草地和其他类型土地地表的毁坏和地下水破坏，导致大面积的塌陷区。另一方面，煤炭在使用过程中产生了大量有害气体，形成酸雨，严重破坏了当地的生态环境。能源革命的根本动因就是全球气候变化和生态环境恶化。为此，中部地区能源革命必然要从传统的“黑色能源”向“绿色能源”转化，这既是在传统煤炭开采利用中加大技术创新，提高煤炭的清洁高效利用，逐步减少煤炭作为能源直接投入使用的过程；又是通过技术创新和体制改革大力发展有利于生态环境和谐的可再生能源、开发新能源以形成对煤炭的替代过程，通过能源革命促进人与自然的和谐。

从社会维度而言，高品质能源推动高质量发展崛起，其终极目标是共享发展成果。共享发展是新发展理念的重要组成部分，侧重解决社会公平正义问题，其核心要义是维护分配公正，充分体现了新发展理念的实践价值。党的十九大报告①指出，中国特色社会主义进入新时代，我国社会主要矛盾已经转化为人民日益增长的美好生活需要和不平衡不充分的发展之间的矛盾。“中部崛起”意味着中部与其他地区尤其是东部沿海地区存在差距。中部崛起不仅是经济总量在全国排名的上升，更应该是人民生活质量的提高。能源消费水平是生活质量高低的一个重要参考指标。截至 2017 年，中部地区河南、安徽、湖北、湖南和江西五省人均能源消费量分别为 313 千克标准煤、289 千克标准煤、367 千克标准煤、353 千克标准煤、255 千克标准煤，与全国人均能源消费 415 千克标准煤的水平还存在较大差距。能源革命推动中部崛起应该使地区人民共享高质量能源成果。其次，能源革命是可再生能源、新能源的兴起，可再生能源、新能源利于人与自然的和谐，符合人类社会的公众利益、长远利益，因此也需要社会制度政策支持，同样，新能源技术创新、新技术设备的开发利用也需要社会政策的引导与扶植，以避免当前“弃光”、“弃风”和“弃水电”等清洁能源的行为。

三、中部崛起的结构变化

一个地区的“崛起”意味着经济发展抹平了原有明显的差距。这里的“经济发展”除了人均收入的提高外，还包含经济结构的根本变化。其中三个最重要的结构性变化：一是产业结构高度化和产业结构生态化。产业结构高度化是指在地区生产总值中第一产业的比重不断下降，向第二、第三产业占优势比重趋势演进；产业结构生态化，是指按照生态经济原理和生态规律构造高效、和谐的产业结构，使多个生产体系或环节之间通过系统的耦合和物质、能量的多级利用，实现高效的产出和资源环境的持续利用。二是城乡结构。人口城镇化使居民在城市人口中的百分比不断上升。三是消费结构。消费结构变化的内涵相对广泛，是一个既包含经济数量变化，又包含经济质量变化的概念。从能源角度来讲，能源革命对中部崛起的推动作用主要体现在三个方面：一是推动地区经济发展，满足经济发展的能源安全需求；二是推动地区生态文明建设发展，能源的品质要清洁低碳；三是推动地区社会发展不平衡不充分向和谐发展。概括而言，能源革命推动中部地

① 习近平. 决胜全面建成小康社会　夺取新时代中国特色社会主义伟大胜利——在中国共产党第十九次全国代表大会上的报告.[2017-10-27].http://www.gov.cn/zhuanti/2017-10/27/content_5234876.htm.

区高质量崛起的内涵是经济维、生态维和社会维的三维共进（图 3-1）。

第二节　中部崛起的能源需求模型构建与预测

一、能源消费需求量预测模型

能源消费弹性系数是一个国家、一个地区或一个单位在某一时期内，能源消费的增长速度与同期产值（总产值、净产值、国民收入、国内生产总值）增长速度的比值。能源消费弹性系数是反映能源消费增长速度与国民经济增长速度之间比例关系的指标。计算公式为

$$E_S = \frac{\Delta E}{E} \Big/ \frac{\Delta Q}{Q} \tag{3-1}$$

即

能源消费弹性系数＝能源消费量年平均增长速度/国民经济年平均增长速度

能源消费弹性系数内在的相关关系可以表明，经济越发展，能源需求越多，能耗经济效益越高，弹性系数越低。利用能源消费弹性系数预测能源需求量，只要确定一个比较符合实际的弹性系数，再确定一个增长速度，便可以算出能源消费增长速度和发展速度，然后，再用发展速度和基期年能源消费量计算未来的能源需求量。

（1）按能源消费弹性系数 E_S 预测某一年的能源需求量的模型为

$$Q_t = Q_0 \times \left(1 + E_S \times \frac{\mathrm{GDP}_t}{\mathrm{GDP}_0} - 1\right) \tag{3-2}$$

式中，Q_t 为预测第 t 年能源需求量；GDP_0、Q_0 分别为基期年国内生产总值和能源需求量；E_S 为能源消费弹性系数；GDP_t 为第 t 年国内生产总值。

(2)能源消费弹性系数可用能源消费年平均增长速度与国民经济年平均增长速度之比来计算，即

$$E_S = \frac{1}{m}\sum_{t=1}^{m}\frac{Q_t - Q_{t-1}}{Q_{t-1}} \Big/ \left(\frac{1}{m}\sum_{t=1}^{m}\frac{\mathrm{GDP}_t - \mathrm{GDP}_{t-1}}{\mathrm{GDP}_{t-1}}\right)$$

$$= \sum_{t=1}^{m}\frac{Q_t - Q_{t-1}}{Q_{t-1}} \Big/ \sum_{t=1}^{m}\frac{\mathrm{GDP}_t - \mathrm{GDP}_{t-1}}{\mathrm{GDP}_{t-1}} \tag{3-3}$$

（3）给定年平均增长率，按弹性预测法预测第 n 年能源需求模型为

$$Q_t = Q_0(1 + E_S \times M) \tag{3-4}$$

式中，Q_t 为预测对象在 t 时刻的预测值；Q_0 为预测基期年的值；M 为类比变量在今后一段时间的平均增长率。

二、中部崛起的经济增长

能源安全是关系国家经济社会发展的全局性、战略性问题，对国家繁荣发展、人民生活改善、社会长治久安至关重要。中部五省的能源革命首要的是能源安全的保障，保障中部五省经济能够高质量崛起。在对中部五省能源需求预测之前，需要对中部五省的经济增长率进行预测。当然，经济增长的影响因素较多，预测具有一定的不确定性。为此，从长期性来把握中部五省经济增长的内在趋势，选取 2010～2018 年经济增长率作为预测的依据。作为中部地区省份，中部五省这期间的经济发展也与国家宏观经济形势一致，呈现周期性波动。尤其是 2013 年以来，随着我国经济步入新常态，中部五省经济也进入了“调结构稳增长”阶段，增长率也由两位数下降到个位数。考虑到随着经济基数逐渐增大，经济增长率会逐渐下降的一般规律；同时，我国已经进入中国特色社会主义新时代，经济的基本特征是由高速增长阶段转向高质量发展阶段，中部五省经济发展必然进入“提质增效”阶段。据此，我们推断，中部五省经济增长可能呈现“L”形趋势（图 3-2）。基于上述判断，在选取中部五省经济增长函数时，选取对数形式，并对 2010～2018 年的趋势进行拟合。

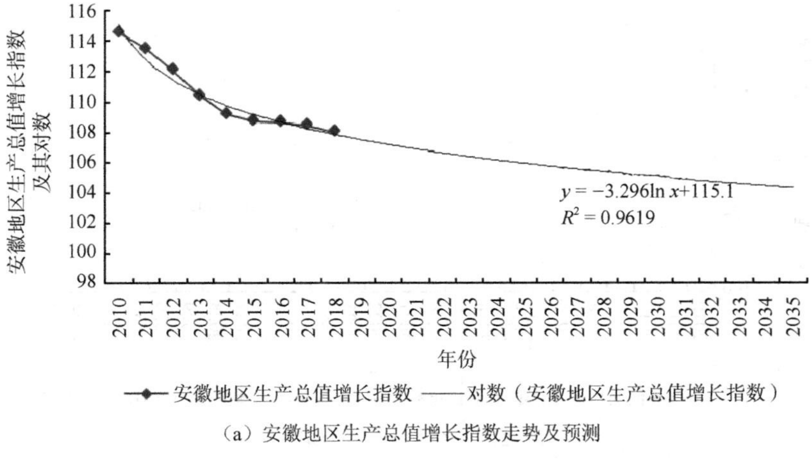

（a）安徽地区生产总值增长指数走势及预测

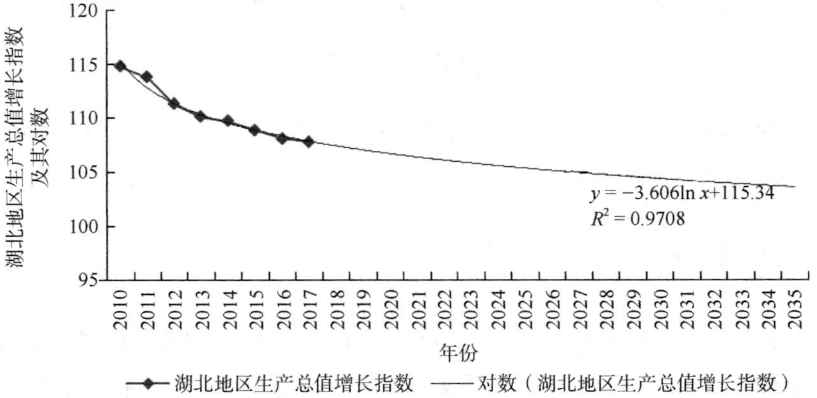

（b）湖北地区生产总值增长指数走势及预测

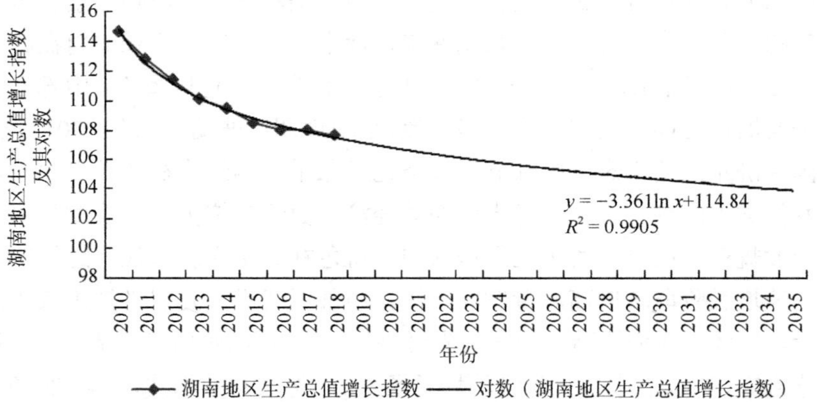

（c）湖南地区生产总值增长指数走势及预测

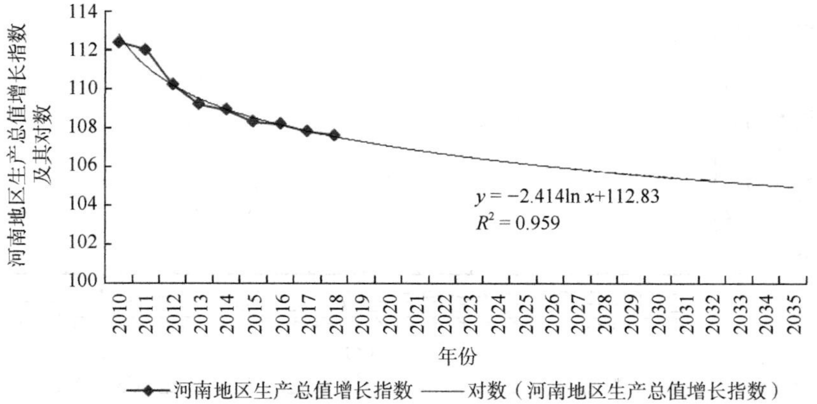

（d）河南地区生产总值增长指数走势及预测

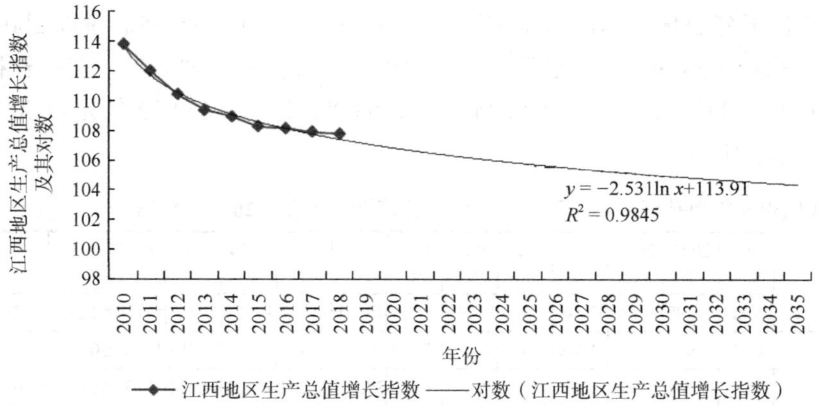

（e）江西地区生产总值增长指数走势及预测

图 3-2　中部五省经济增长趋势预测（2010～2035 年）

考虑到经济增长受众多因素影响，长期的经济增长预测较大的不确定性。为此，以图 3-2 中 2010～2018 年的趋势预测为基础，以 0.3%为高低增长浮动率，构建了基准增长率情景、高增长率情景和低增长率情景，如表 3-2 所示。

表 3-2　中部五省经济增长率情景预测（2021～2035 年）　（单位：%）

省份	情景	2021年	2022年	2023年	2024年	2025年	2026年	2027年	2028年	2029年	2030年	2031年	2032年	2033年	2034年	2035年
安徽	高增长	7.2	6.9	6.7	6.5	6.3	6.1	5.9	5.7	5.5	5.4	5.2	5.1	4.9	4.8	4.7
	基准增长	6.9	6.6	6.4	6.2	6.0	5.8	5.6	5.4	5.2	5.1	4.9	4.8	4.6	4.5	4.4
	低增长	6.6	6.3	6.1	5.9	5.7	5.5	5.3	5.1	4.9	4.8	4.6	4.5	4.3	4.2	4.1
河南	高增长	7.1	6.9	6.8	6.6	6.4	6.3	6.2	6.0	5.9	5.8	5.7	5.6	5.5	5.4	5.3
	基准增长	6.8	6.6	6.5	6.3	6.1	6.0	5.9	5.7	5.6	5.5	5.4	5.3	5.2	5.1	5.0
	低增长	6.5	6.3	6.2	6.0	5.8	5.7	5.6	5.4	5.3	5.2	5.1	5.0	4.9	4.8	4.7
湖北	高增长	6.7	6.4	6.1	5.9	5.6	5.4	5.2	5.0	4.8	4.7	4.5	4.3	4.2	4.0	3.9
	基准增长	6.4	6.1	5.8	5.6	5.3	5.1	4.9	4.7	4.5	4.4	4.2	4.0	3.9	3.7	3.6
	低增长	6.1	5.8	5.5	5.3	5.0	4.8	4.6	4.4	4.2	4.1	3.9	3.7	3.6	3.4	3.3
湖南	高增长	7.1	6.9	6.8	6.6	6.4	6.3	6.2	6.0	5.9	5.8	5.7	5.6	5.5	5.4	5.3
	基准增长	6.8	6.6	6.5	6.3	6.1	6.0	5.9	5.7	5.6	5.5	5.4	5.3	5.2	5.1	5.0
	低增长	6.5	6.3	6.2	6.0	5.8	5.7	5.6	5.4	5.3	5.2	5.1	5.0	4.9	4.8	4.7
江西	高增长	7.9	7.7	7.5	7.4	7.2	7.0	6.9	6.8	6.6	6.5	6.4	6.3	6.2	6.1	6.0
	基准增长	7.6	7.4	7.2	7.1	6.9	6.7	6.6	6.5	6.3	6.2	6.1	6.0	5.9	5.8	5.7
	低增长	7.3	7.1	6.9	6.8	6.6	6.4	6.3	6.2	6.0	5.9	5.8	5.7	5.6	5.5	5.4

从中部五省整体的基准情景来看，截至 2035 年，中部经济总量以 2005 年基期价格计算将达到 344 742 亿元，其中河南省、安徽省、湖北省、湖南省和江西省将分别达到 110 185 亿元、54 644 亿元、63 980 亿元、65 802 亿元和 50 131 亿元，如表 3-3 所示。

表 3-3　以 2005 年为基期的中部五省地区生产总值情景预测（2021～2035 年）（单位：亿元）

省份	情景	2021年	2022年	2023年	2024年	2025年	2026年	2027年	2028年	2029年	2030年	2031年	2032年	2033年	2034年	2035年
安徽	高增长	26 457	28 295	30 191	32 146	34 159	36 229	38 357	40 541	42 782	45 077	47 427	49 829	52 283	54 788	57 342
	基准增长	26 236	27 980	29 771	31 609	33 494	35 423	37 398	39 415	41 475	43 576	45 716	47 895	50 110	52 361	54 644
	低增长	26 017	27 668	29 356	31 080	32 840	34 633	36 460	38 318	40 205	42 121	44 064	46 031	48 022	50 034	52 066
河南	高增长	51 055	54 597	58 288	62 131	66 130	70 290	74 615	79 108	83 774	88 616	93 639	98 847	104 242	109 829	115 611
	基准增长	50 628	53 989	57 476	61 093	64 842	68 727	72 749	76 912	81 218	85 669	90 268	95 017	99 918	104 973	110 185
	低增长	49 840	52 790	55 784	58 817	61 888	64 994	68 130	71 294	74 481	77 689	80 914	84 152	87 399	90 652	93 906
湖北	高增长	33 892	36 058	38 266	40 514	42 800	45 121	47 475	49 860	52 272	54 708	57 167	59 644	62 137	64 643	67 158
	基准增长	33 608	35 655	37 731	39 835	41 963	44 113	46 282	48 467	50 666	52 876	55 094	57 316	59 540	61 762	63 980
	低增长	33 325	35 255	37 202	39 165	41 139	43 124	45 115	47 110	49 106	51 101	53 090	55 072	57 044	59 002	60 944
湖南	高增长	33 835	36 041	38 301	40 614	42 978	45 392	47 855	50 364	52 919	55 516	58 153	60 829	63 541	66 287	69 064
	基准增长	33 552	35 638	37 766	39 933	42 138	44 379	46 653	48 960	51 296	53 659	56 048	58 459	60 890	63 338	65 802
	低增长	33 270	35 239	37 237	39 262	41 312	43 385	45 479	47 591	49 719	51 860	54 013	56 174	58 342	60 513	62 685
江西	高增长	21 080	22 707	24 417	26 213	28 098	30 076	32 150	34 322	36 597	38 977	41 467	44 068	46 786	49 622	52 582
	基准增长	20 905	22 456	24 079	25 778	27 555	29 412	31 352	33 376	35 488	37 690	39 984	42 373	44 858	47 444	50 131
	低增长	20 731	22 207	23 746	25 350	27 021	28 761	30 571	32 454	34 410	36 442	38 550	40 738	43 005	45 355	47 787

三、中部崛起的能源需求预测

根据表 3-3 测算的结果，利用式（3-4）可以预测中部地区 2020～2035 年的能源需求量，在没有技术创新推动下能源相应的排放量。

将中部地区河南、安徽、湖北、湖南和江西五省作为一个整体，测算中部五省 2011～2017 年的能源消费量（表 3-4）和以 2005 年为基期的地区生产总值总量（表 3-5）。

表 3-4　中部五省能源消费总量（2011～2017 年）　（单位：万吨标准煤）

省份	2011 年	2012 年	2013 年	2014 年	2015 年	2016 年	2017 年
河南	20 462.00	20 920.00	21 909.00	22 890.00	23 161.00	23 117.00	22 944.00
安徽	10 570.23	11 357.95	11 696.39	12 011.02	12 331.97	12 694.96	13 051.87
湖北	16 579.23	17 674.66	15 703.15	16 320.28	16 404.00	16 850.00	17 150.00
湖南	16 160.86	16 744.08	17 561.46	15 316.84	15 468.61	15 804.44	16 171.30
江西	6 847.10	7 148.30	7 582.90	8 055.40	8 440.30	8 747.20	8 995.30
总和	70 619.42	73 844.99	74 452.90	74 593.54	75 805.88	77 213.60	78 312.47

表 3-5　中部五省地区生产总值总量（2011～2017 年）　　（单位：万元）

省份	2011 年	2012 年	2013 年	2014 年	2015 年	2016 年	2017 年
河南	21 812.41	24 037.28	26 248.71	28 584.85	30 957.39	33 495.89	36 108.57
安徽	11 376.99	12 753.60	14 085.08	15 380.91	16 723.66	18 175.27	19 712.90
湖北	14 465.91	16 100.56	17 726.71	19 446.20	21 176.92	22 892.25	24 677.84
湖南	14 446.80	16 093.74	17 719.21	19 402.53	21 051.75	22 735.89	24 554.76
江西	8 509.86	9 445.94	10 399.98	11 408.78	12 446.98	13 567.20	14 761.12
总和	70 611.97	78 431.12	86 179.69	94 223.27	102 356.70	110 866.50	119 815.19

根据表 3-4 和表 3-5 的 2011～2017 年的中部地区能源消费总量和地区生产总值总量测算出中部地区能源消费增长率和地区生产总值增长率。在其基础上测算中部地区的能源消费弹性系数（表 3-6）。

表 3-6　中部地区能源消费弹性系数

项目	2012 年	2013 年	2014 年	2015 年	2016 年	2017 年
能源消费增长率	0.0457	0.0082	0.0019	0.0163	0.0186	0.0142
地区生产总值增长率	0.1107	0.0988	0.0933	0.0863	0.0831	0.0807
能源消费弹性系数	0.4125	0.0833	0.0202	0.1883	0.2234	0.1763

注：能源消费弹性系数通过未修约前的能源消费增长率和地区生产总值增长率数值计算得出

根据表 3-6 的能源消费弹性系数和表 3-3 中部五省地区生产总值增长情景可以测算出 2019～2035 年中部地区的能源需求量（表 3-7）。

表 3-7　中部地区的能源需求量　　（单位：万吨标准煤）

年份	高增长	基准增长	低增长
2019	80 505.62	80 505.62	80 505.62
2020	81 541.72	81 504.92	81 456.56
2021	82 559.54	82 479.14	82 372.11
2022	83 555.36	83 430.36	83 259.91
2023	84 530.66	84 359.93	84 121.68
2024	85 486.75	85 269.45	84 958.9
2025	86 424.66	86 159.99	85 772.95
2026	87 345.48	87 032.51	86 565.10
2027	88 250.27	87 887.96	87 336.21
2028	89 139.51	88 727.09	88 087.27
2029	90 014.26	89 550.77	88 818.87
2030	90 874.72	90 359.57	89 532.08

续表

年份	高增长	基准增长	低增长
2031	91 721.90	91 154.14	90 227.37
2032	92 556.02	91 934.97	90 905.43
2033	93 377.69	92 702.47	91 566.84
2034	94 187.33	93 457.24	92 212.11
2035	94 985.34	94 199.66	92 841.62

由表 3-7 可以看出，在不考虑能源革命技术进步的前提下，以 2017 年的中部地区能源消费弹性系数 0.1763 为基础，以表 3-2 的各省经济增长率综合指数为依据，测算出中部地区的能源需求呈现增长趋势，截至 2035 年能源需求量将为 92 841.62 万～94 985.34 万吨标准煤。如果不进行能源革命，那么 2030 年之前，二氧化碳排放峰值不可能出现。

第三节　能源革命推动中部崛起能源需求的“量”和“质”

一、能源革命助推中部高质量崛起路径建模

能源革命实质是能源转型、能源的结构调整和能源利用效率的提升。能源生产的根本目的是消费，能源消费是刚性需求，包括生产消费和生活消费。为此，能源革命的前提是能源安全。能源安全是关系国家经济、社会发展的全局性、战略性问题，对国家繁荣发展、人民生活改善、社会长治久安至关重要。中部地区能源革命的首要问题是保障中部高质量崛起，需要对未来的能源需求量进行预测，即在保证能源需求安全的前提下开展能源革命。

能源消费和二氧化碳排放能不能在 2030 年之前达到峰值，这个不能简单地从能源单一要素去判断，而是要结合地区经济、社会发展综合判断。换句话说，能源革命战略需要与地区经济社会发展战略相融合。本节研究利用 Kaya 恒等式将能源消费需求纳入地区经济、社会和环境来进行分析。Kaya 恒等式将社会、经济、能源、碳排放等宏观总体因子之间的关系以简单的数学关系加以描述，原理清晰简明；分解出的驱动具有可观测性、可控性和解释性。为了采用 Kaya 恒等式来捕捉地区的特征，首先，将能源消费区分为生产消费和生活消费两部分，安徽省生活能源消费仅占一次能源的 13.78%（2017 年），份额将会大幅增加。其次，由于中部地区农村和城市家庭能源消费之间仍然存在差距，因此必须对城镇化进程的影响进行建模。最后，由于中部的经济结构向高质量经济转型，能源效率仍然较低，希望模拟经济产出和能效改善的影响。因此，我们调整方程式如下：

$$\mathrm{EI_{GDP}} = \frac{E}{\mathrm{GDP}} = \frac{E_{\mathrm{P}} + E_{\mathrm{R}}}{\mathrm{GDP}} \tag{3-5}$$

$$\frac{E_{\mathrm{P}}}{\mathrm{GDP}} = \frac{E_{\mathrm{PP}} + E_{\mathrm{PS}} + E_{\mathrm{PT}}}{\mathrm{GDP}} = \sum_{i=1\sim 3} (S_i I_i) \tag{3-6}$$

$$\frac{E_{\mathrm{R}}}{\mathrm{GDP}} = \frac{E_{\mathrm{UR}} + E_{\mathrm{RR}}}{\mathrm{GDP}} = \frac{e_{\mathrm{U}}}{I_{\mathrm{U}}} \times \frac{I_{\mathrm{U}}}{\mathrm{gdp}} \times R_{\mathrm{U}} + \frac{e_{\mathrm{R}}}{I_{\mathrm{R}}} \times \frac{I_{\mathrm{R}}}{\mathrm{gdp}} \times (1 - R_{\mathrm{U}}) \tag{3-7}$$

$$\mathrm{CI_{GDP}} = \frac{\mathrm{CO_2排放量}}{\mathrm{GDP}} = \frac{E}{\mathrm{GDP}} \times \frac{\mathrm{CO_2排放量}}{E} = \mathrm{EI_{GDP}} \times \mathrm{EF_E} \tag{3-8}$$

$$\mathrm{EF_E} = \sum_i (E_{s,i} ef_i) \tag{3-9}$$

$$\mathrm{CO_2排放量} = \mathrm{CI_{GDP}} \times \mathrm{GDP} \tag{3-10}$$

式（3-5）中的能源消费强度（$\mathrm{EI_{GDP}}$）为能源消费量 E 与地区生产总值（式中以 GDP 表示）的比值，考虑到工业化和城镇化双轮驱动是中部地区崛起必然要经历的路径和实施战略，将能源消费分为生产消费 E_{P} 和生活消费 E_{R}。其中，生产消费可以进一步分解为三次产业（第一产业：PP；第二产业：PS；第三产业：PT；用 S_i 表示产业的能源消费份额）能源消费总额之和[式（3-6）]，各产业相应的能耗强度用 I_i 表示。式（3-7）中，生活消费可以分为城镇生活消费 E_{UR} 和农村生活消费 E_{RR}。在城镇化进程中，随着人均收入的提高，生活消费将会上升。安徽省人均可支配收入是低于全国平均水平的。为了反映收入变化对能源消费的影响，模型中将引入可支配人均收入中间变量，I_{U} 表示城镇可支配收入，I_{R} 代表农村可支配收入，e_{U} 和 e_{R} 分别表示城镇和农村人均能源消费量，R_{U} 表示人口城镇化率，gdp 代表地区人均收入水平。式（3-8）表示清洁低碳的能源品质，式中，$\mathrm{CI_{GDP}}$ 表示碳强度等于能源消费强度与不同能源含碳因子[$\sum_i (E_{s,i} ef_i)$]的乘积，据此，可以测算二氧化碳排放量。

二、能源革命助推中部地区经济维度崛起路径设定

（一）中部地区人口增长预测

人口数量是能源消费的重要影响因素之一。2035 年距今还有 14 年的时间，中部地区人口数量的变化也将是能源消费量变化的一个重要因素。为此，需要对中部地区人口数量变化进行预测。目前，国际上通常用总和生育率（total fertility rate，TFR）作为一个时期生育水平的度量指标，反映人口发展趋势。总和生育率用来衡量一个国家或者地区的生育意愿，总和生育率也称总生育率，是指一个国家或地区的妇女在育龄期间（15～49 岁），每个妇女平均生育的子女数。《中国生育报告 2019》显示，中国 2018 年出生人口为 1523 万，较 2017 年下降 200 万，总和生育率降至 1.52，即一个育龄妇女平均生育 1.52 人。而人口学一般将总和生育率 2.1 界定为世代更替水平，也就是保持人口总量不增不减的水平。中国人口总和生育率如果得不到扭转，人口总量下降将是必然趋势。

基于中部五省 2010～2018 年的人口总和生育率情况，考虑到“二孩”政策因素，采用中国人口与发展研究中心主导研发的国际人口预测软件 PADIS-INT，在设定河南省、安徽省、湖北省、湖南省和江西省的总和生育率分别为 1.9、1.8、1.75、1.85 和 1.85 的情景下，对 2035 年之前中部五省常住人口进行了预测（表 3-8）。发现中部五省的人口峰值大致在 2024～2028 年出现，整个中部地区的人口峰值在 2026 年左右出现，人口总数在 3.38 亿左右；截至 2035 年中部地区人口下降到 3.3 亿左右。

表 3-8　中部五省人口预测（2021～2035 年）　　（单位：万人）

年份	河南	安徽	湖北	湖南	江西	五省总和
2021	9 731.97	6 299.586	5 993.079	6 876.872	4 703.718	33 605.23
2022	9 747.237	6 309.428	6 002.49	6 887.772	4 711.067	33 657.99
2023	9 758.358	6 316.597	6 009.344	6 895.712	4 716.42	33 696.43
2024	9 764.304	6 320.431	6 013.009	6 899.957	4 719.283	33 716.98
2025	9 767.922	6 320.184	6 022.774	6 907.685	4 724.099	33 742.66
2026	9 766.791	6 318.81	6 021.46	6 915.163	4 730.073	33 752.30
2027	9 751.247	6 312.013	6 014.961	6 907.635	4 730.997	33 716.85
2028	9 742.64	6 306.465	6 009.656	6 901.49	4 732.855	33 693.11
2029	9 728.253	6 297.19	6 000.789	6 891.218	4 725.93	33 643.38
2030	9 710.153	6 285.521	5 989.632	6 878.295	4 717.217	33 580.82
2031	9 690.163	6 272.635	5 977.311	6 864.023	4 707.595	33 511.73
2032	9 665.65	6 256.832	5 962.202	6 846.521	4 695.795	33 427.00
2033	9 639.394	6 239.906	5 946.019	6 827.776	4 683.157	33 336.25
2034	9 611.742	6 222.08	5 928.975	6 808.033	4 669.847	33 240.68
2035	9 579.256	6 201.137	5 908.952	6 784.839	4 654.21	33 128.39

结合表 3-7 对中部五省 2019～2035 年经济增长的三种情景数据，可得河南省、安徽省、湖北省、湖南省和江西省人均地区生产总值三种情景的预测值（图 3-3）。截至 2035 年，河南省经济高增长、基准增长和低增长情景下，人均地区生产总值分别为 12.07 万元、11.50 万元和 9.80 万元（2005 年基期价格）。

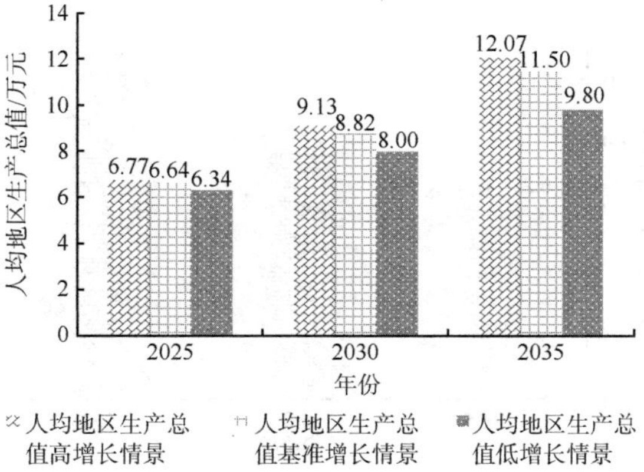

（a）河南省人均地区生产总值预测值（2005 年基期价格）

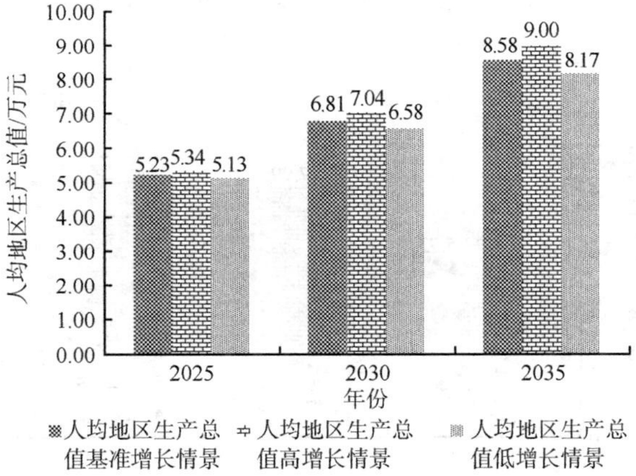

（b）安徽省人均地区生产总值预测值（2005 年基期价格）

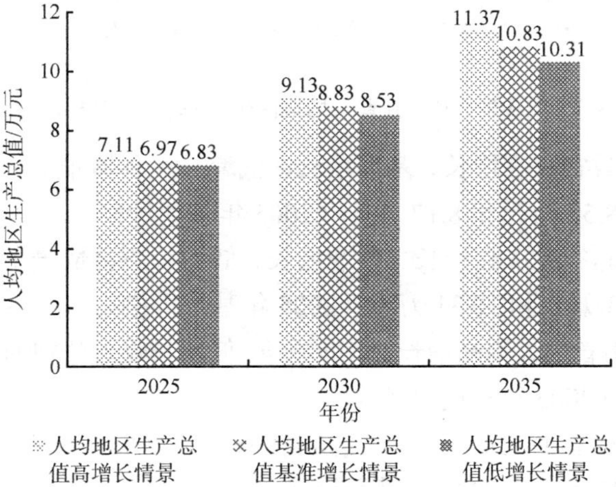

（c）湖北省人均地区生产总值预测值（2005 年基期价格）

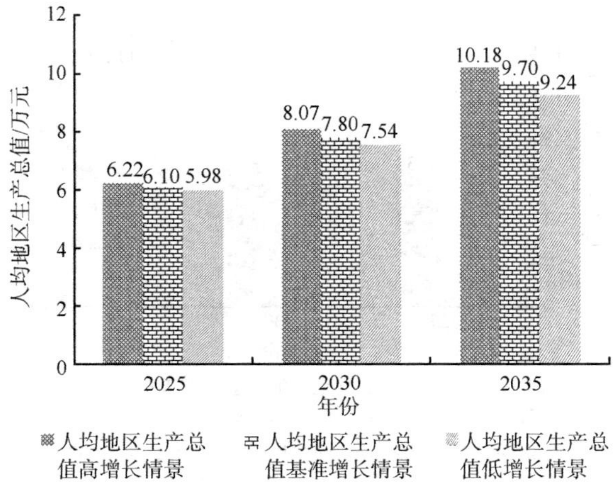

（d）湖南省人均地区生产总值预测值（2005 年基期价格）

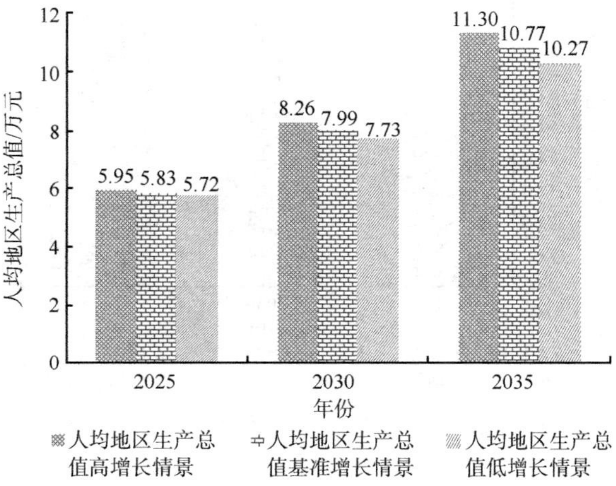

（e）江西省人均地区生产总值预测值（2005 年基期价格）

图 3-3　中部五省人均地区生产总值预测值

2035 年，安徽省在高增长、基准增长、低增长三种情景下，人均收入将分别达到 9.00 万元、8.58 万元和 8.17 万元（2005 年基期价格）。

2035 年，湖北省经济高增长、基准增长、低增长三种情景下人均收入分别为 11.37 万元、10.83 万元和 10.31 万元（2005 年基期价格）。

2035 年，湖南省的人均高增长、基准增长、低增长收入分别为 10.18 万元、9.70 万元和 9.24 万元（2005 年基期价格）。

2035 年，江西省的人均高增长、基准增长、低增长收入分别为 11.30 万元、10.77 万元和 10.27 万元（2005 年基期价格）。

由前面的假定可知，在经济稳定发展的背景下，中部地区的人均收入水平将稳步提升。根据发达国家和我国发达地区发展的经验来看，随着收入水平的提升，人们对能源的消费需求将呈现稳步提升。

（二）中部地区产业结构及其演化预测

从产业结构来看，能源革命一方面推进全产业由低级向高级演进，尤其是高耗能的第二产业向低耗能的第三产业转变，即产业结构高级化。产业结构高级化是指地区经济发展重点或产业结构重心由第一产业向第二产业和第三产业逐次转移的过程，标志着该地区经济发展水平的高低和发展阶段、方向。党的十九大报告[①]指出，我国经济已由高速增长阶段转向高质量发展阶段，正处在转变发展方式、优化经济结构、转换增长动力的攻关期，且到 2035 年我国要基本实现社会主义现代化。根据党的十九大报告的精神，《中国现代化报告 2018：产业结构现代化研究》（以下简称《报告》）提出中国产业结构现代化的“三步走”构想的战略目标，即 2015～2035 年，完成向服务经济的转型；2035～2050 年，完成向知识经济的转型；2050～2080 年，实现产业结构现代化。产业结构现代化往往具体反映在各产业部门之间产值、就业人员、国民收入比例变动的过程上。《报告》指出，工业经济的结构特点有四个，农业增加值比例低于 15%，农业劳动力比例低于 30%，农业与工业增加值之比小于 0.8，农业与工业劳动力之比小于 0.8。

另外，能源产业自身结构也在变革，由高碳能源结构向低碳清洁能源结构转化。在现代煤电、煤化工等煤炭清洁利用技术的推动下，风能、光能和水能等可再生能源将进一步替代煤炭等化石能源，煤炭在一次能源结构中的比重将会不断下降。

为了捕捉产业结构高级化对能源消耗的影响，本节提供了基准和加速两种情景，基准情景以全球平均值 5%为第一产业的战略目标，在美国和日本等发达国家，这一比例低于 1.5%。工业化国家的经验表明，当人均国内生产总值达到 10 000 美元时，第一产业将保持在 5%左右，第二产业约为 40%，第三产业约为 55%。根据河南省、安徽省、湖北省、湖南省和江西省 2005～2018 年产业结构的演化规律（图 3-4），可以对 2025～2035 年中部地区的产业结构演化进行预测。

图 3-4（a）是河南省 2005～2018 年产业结构演化历史路径。河南省的产业结构由 2005 年的 17.4∶51.9∶30.8 演化为 2018 年的 8.9∶45.9∶45.2。

图 3-4（b）是安徽省 2005～2018 年产业结构演化过程，从 2005 年的 18.1∶42.0∶40.0 转变为 2018 年的 8.8∶46.1∶45.1。但是，截至 2017 年，安徽省三次产业的从业人员比例为 31.1∶28.8∶40.1，这说明安徽省的第一产业生产率还比较低下。因此，安徽省还未达到全面的现代工业经济标准。

① 习近平.决胜全面建成小康社会　夺取新时代中国特色社会主义伟大胜利——在中国共产党第十九次全国代表大会上的报告.[2017-10-27].http://www.gov.cn/zhuanti/2017-10/27/content_5234876.htm.

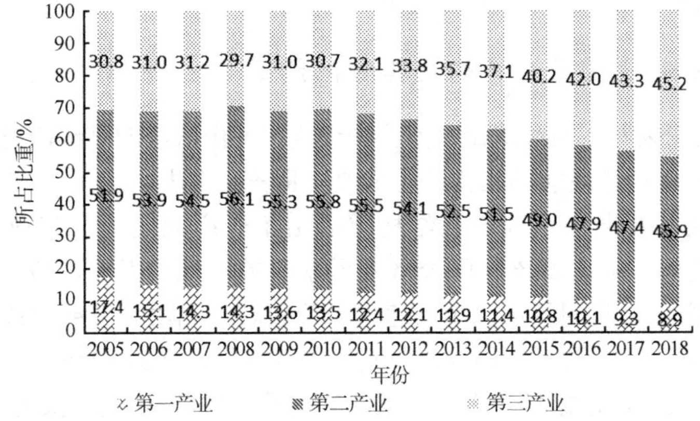

（a）河南省产业结构演化（2005～2018 年）

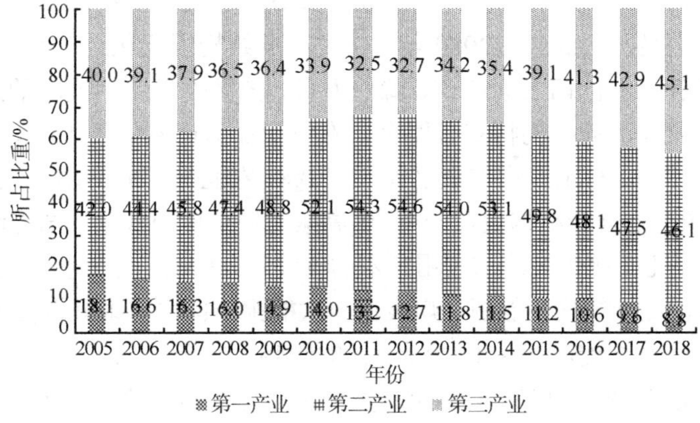

（b）安徽省产业结构演化（2005～2018 年）

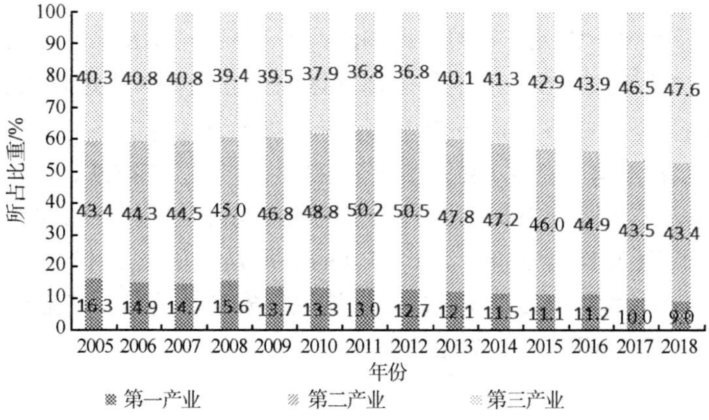

（c）湖北省产业结构演化（2005～2018 年）

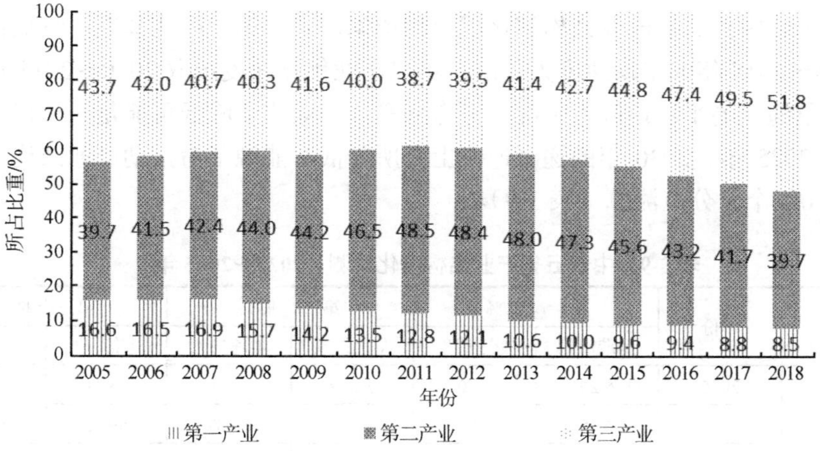

（d）湖南省产业结构演化（2005～2018 年）

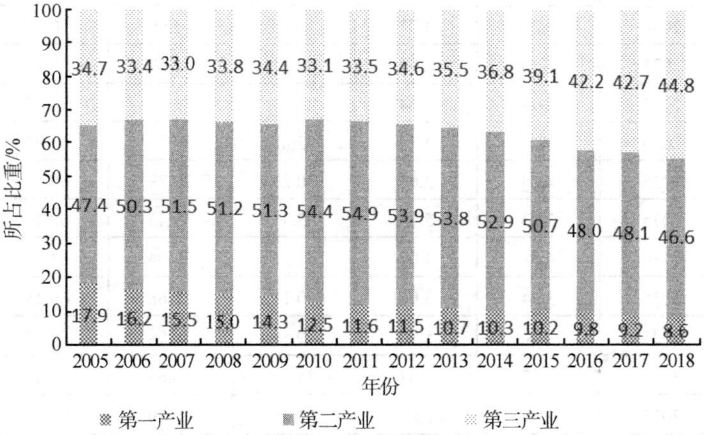

（e）江西省产业结构演化（2005～2018 年）

图 3-4 中部五省产业结构演化

图 3-4（c）描述了湖北省 2005～2018 年三次产业结构的演化过程。截至 2018 年，湖北省的三次产业结构为 9.0∶43.4∶47.6。

图 3-4（d）为湖南省产业结构在 2005～2018 年的演化历程，由 16.6∶39.7∶43.7 转变为 8.5∶39.7∶51.8。其中，第一产业比重呈现持续下降趋势，第二产业经历了由低向高再由高向低的转变过程，在 2011 年达到历史最高点，占比为 48.5%。

图 3-4（e）展现了江西省 2005～2018 年三次产业结构由 17.9∶47.4∶34.7 转变为 8.6∶46.6∶44.8 的过程。其中，第一产业呈现持续下降趋势，第二产业经历了由低向高再由高向低的转变历程，于 2011 年达到历史最高点，占比为 54.9%。产业结构优化规律以江西省原有产业结构优化的内在规律为依据。

以上述中部五省产业结构演化规律为依据，各省第一产业基准情景优化速度以 2005～2018 年的平均速度为基准；第二产业优化速度选取 2010～2018 年第二产业比重递减的平均速度为基准，考虑到第二产业比重降低可能是一个递减的趋势，在 2025 年、2030 年的递减速率上有所降低，能源革命推动产业结构化加速以高于 0.5 个百分点测算（表 3-9）。

表 3-9　中部五省产业结构演化预测（2025～2035 年）

省份	年份	第一产业/%		第二产业/%		第三产业/%	
		基准情景	加速情景	基准情景	加速情景	基准情景	加速情景
河南	2025	6.20	5.70	38.69	38.19	55.11	56.11
	2030	4.55	4.05	35.53	35.03	59.92	60.92
	2035	3.70	3.20	32.49	31.99	63.81	64.81
安徽	2025	6.40	5.90	37.99	37.49	55.61	56.61
	2030	5.22	4.72	34.40	33.90	60.38	61.38
	2035	4.40	3.90	32.17	31.67	63.43	64.43
湖北	2025	6.54	6.04	36.89	36.39	56.57	57.57
	2030	5.20	4.70	32.85	32.35	61.95	62.95
	2035	4.14	3.64	30.29	29.79	65.57	66.57
湖南	2025	5.93	5.43	33.93	33.43	60.15	61.15
	2030	4.58	4.08	31.54	31.04	63.88	64.88
	2035	3.54	3.04	30.18	29.68	66.28	67.28
江西	2025	5.8	5.30	39.56	39.06	54.65	55.65
	2030	4.37	3.87	35.19	34.69	60.44	61.44
	2035	3.30	2.80	31.30	30.80	65.40	66.40

截至 2035 年，河南省基准情景下的产业结构为 3.70∶32.49∶63.81，能源革命加速产业结构优化为 3.20∶31.99∶64.81；安徽省基准情景下的产业结构为 4.40∶32.17∶63.43，能源革命加速产业结构优化为 3.90∶31.67∶64.43；湖北省基准情景下的产业结构为 4.14∶30.29∶65.57，能源革命加速产业结构优化为 3.64∶29.79∶66.57；湖南省基准情景下的产业结构为 3.54∶30.18∶66.28，加速优化的产业结构为 3.04∶29.68∶67.28。江西省基准情景下的产业结构为 3.30∶31.30∶65.40，加速优化情景下产业结构为 2.80∶30.80∶66.40。

（三）中部地区产业高度化的能耗强度变化及预测

能耗强度是能源利用与经济或物力产出之比。产业能耗强度变化反映产业对能源需求的未来发展趋势。2005 年，随着我国提出“节能减排”环保政策，企业加大了能源技术创新和产业结构优化力度，能源利用效率获得了持续提升，中部各省的能耗强度持续下降（图 3-5）。

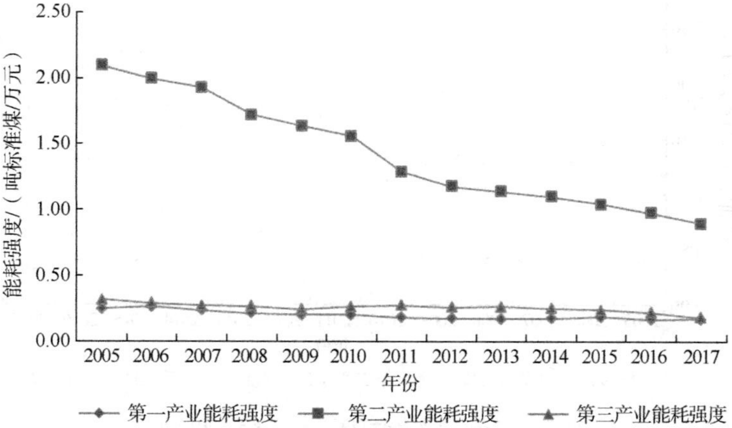

（a）河南省三次产业能耗强度变化（2005～2017 年）

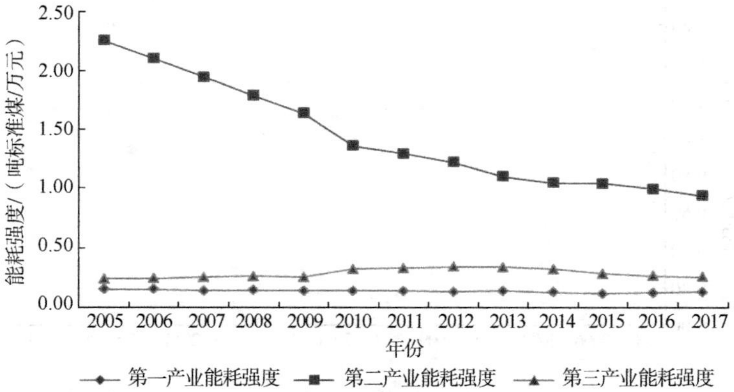

（b）安徽省三次产业能耗强度变化（2005～2017 年）

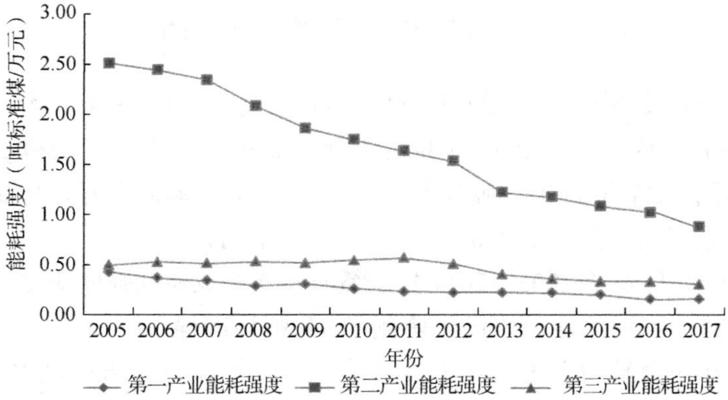

（c）湖北省三次产业能耗强度变化（2005～2017 年）

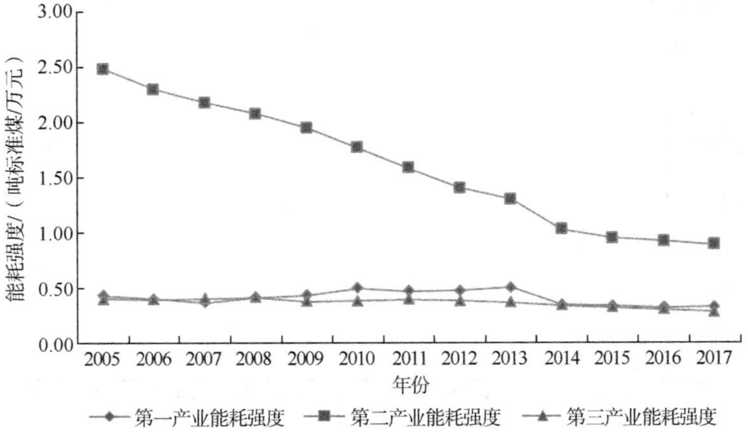

（d）湖南省三次产业能耗强度变化（2005～2017 年）

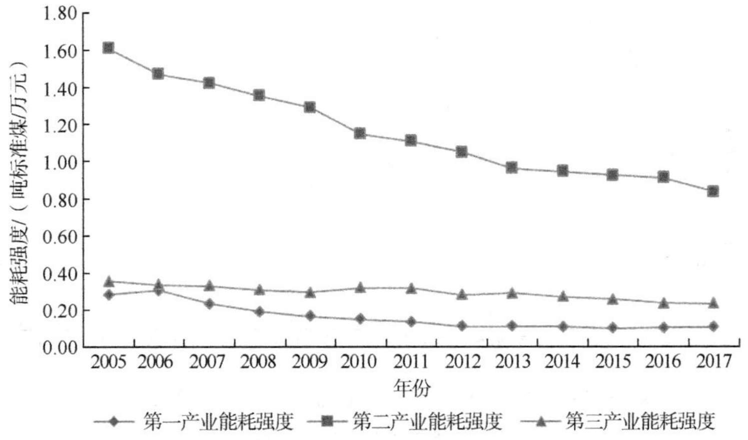

（e）江西省三次产业能耗强度变化（2005～2017 年）

图 3-5　中部五省三次产业能耗强度变化

图 3-5（a）反映了河南省的三次产业能耗强度在 2005～2017 年均呈现下降趋势，分别由 2005 年的 0.25 吨标准煤/万元、2.10 吨标准煤/万元和 0.32 吨标准煤/万元下降到 2017 年的 0.17 吨标准煤/万元、0.90 吨标准煤/万元和 0.18 吨标准煤/万元，三大产业产值均以 2005 年基期计价（下同）。

图 3-5（b）反映了 2005～2017 年安徽省三次产业能耗强度变化。截至 2017 年，安徽省第二产业的能耗强度下降到 0.94 吨标准煤/万元。从下降趋势来看 2005～2012 年下降较为迅速，2013 年以后，下降缓慢，这一方面是因为经济增长速度放缓，另一方面是因为技术进步的节能减排潜力缩减。

图 3-5（c）显示了湖北省的三次产业能耗强度在 2005～2017 年均整体呈现

下降趋势，分别由2005年的0.43吨标准煤/万元、2.51吨标准煤/万元和0.50吨标准煤/万元下降到2017年的0.16吨标准煤/万元、0.98吨标准煤/万元和0.31吨标准煤/万元。

图3-5（d）反映了湖南省2005～2017年三次产业能耗强度走势，分别由2005年的0.43吨标准煤/万元、2.48吨标准煤/万元和0.40吨标准煤/万元下降到2017年的0.33吨标准煤/万元、0.89吨标准煤/万元和0.28吨标准煤/万元。

图3-5（e）反映了江西省的三次产业能耗强度在2005～2017年均整体呈现下降趋势，分别由2005年的0.28吨标准煤/万元、1.61吨标准煤/万元和0.36吨标准煤/万元下降到2017年的0.10吨标准煤/万元、0.83吨标准煤/万元和0.23吨标准煤/万元。

上述各省在2005～2017年由于国家的节能减排政策颁布实施和执行强度由弱趋强，能耗强度的变化也呈现一定规律性（表3-10）。

表3-10 中部五省三次产业能耗强度变化（2005～2017年）

省份	年份	第一产业能耗年下降率/%	第二产业能耗年下降率/%	第三产业能耗年下降率/%	地区生产总值能耗下降率/%
河南	2005～2010	−4.945	−7.799	−2.000	−21.38
	2011～2015	0.4107	−4.158	−3.000	−34.40
	2016～2017	−2.551	−4.803	−9.000	−15.77
安徽	2005～2010	−1.72	−9.60	6.16	−21.66
	2011～2015	−3.49	−5.20	−2.34	−23.17
	2016～2017	5.91	−5.21	−1.87	−11.51
湖北	2005～2010	−8.0	−6.0	−2.0	−19.4
	2011～2015	−5.4	−9.2	−9.3	−38.3
	2016～2017	−10.1	−5.0	−4.3	−11.2
湖南	2005～2010	2.4	−5.5	−0.7	−13.9
	2011～2015	−7.7	−11.7	−3.3	−40.0
	2016～2017	−1.1	−3.2	−6.5	−10.8
江西	2005～2010	−10.2	−5.6	−1.8	−20.8
	2011～2015	−7.7	−4.2	−4.3	−21.4
	2016～2017	2.1	−4.9	−4.6	−10.4

注：表中“–”号表示期间能耗强度降低，下同

其中，河南省2005～2010年能耗强度下降了21.38%，2011～2015年在2010年的基础上又下降了34.40%，2016～2017年在2015年的基础上下降了15.77%。安徽省“十一五”和“十二五”能耗强度下降分别为21.66%和23.17%；“十三

五”前两年能耗强度下降了 11.51%。湖北省地区生产总值能耗强度在 2005～2010 年下降了 19.4%，2011～2015 年在 2010 年的基础上又下降了 38.3%，2016～2017 年在 2015 年的基础上下降了 11.2%。湖南省地区生产总值能耗强度在 2005～2010 年下降了 13.9%，2011～2015 年在 2010 年的基础上又下降了 40.0%，2016～2017 年在 2015 年的基础上下降了 10.8%。江西省地区生产总值能耗强度在 2005～2010 年下降了 20.8%，2011～2015 年在 2010 年的基础上又下降了 21.4%，2016～2017 年在 2015 年的基础上下降了 10.4%。

依据中部地区上述各省在 2005～2017 年产业能耗强度的变化趋势，第二产业、第三产业与长三角苏沪浙相比生产率相对较低、能耗也较高，因此，能源利用效率预期应有较大的提升空间。同时，结合近年来农业现代化、城镇化和老年化的进程，第一产业显示能耗强度出现波动，实际能耗量呈现递增势头，农业现代化是农业发展的根本方向。随着老年化的加剧和农业现代化发展以及城镇化加速，第一产业对能源的需求必然加剧。在本章的研究中提供了两种情景：基准情景主要是各省过去趋势的延伸，加速情景假设未来能源革命将实施额外的市场导向机制（表 3-11）。

表 3-11　中部五省三次产业能源强度变化的预测（2021～2035 年）

省份	年份	第一产业能耗年下降率/%		第二产业能耗年下降率/%		第三产业能耗年下降率/%	
		基准情景	加速情景	基准情景	加速情景	基准情景	加速情景
河南	2021～2025	1.7	1.2	–4.8	–5.3	–5.2	–5.7
	2026～2030	1.2	0.7	–4.3	–4.8	–4.7	–5.2
	2031～2035	0.7	0.2	–3.8	-4.3	–4.2	–4.7
安徽	2021～2025	4.5	4	–4.7	–5	–1.77	–1.87
	2026～2030	3.5	3	–4.2	–4.5	–1.67	–1.77
	2031～2035	2.5	2	–3.7	–4	–1.57	–1.67
湖北	2021～2025	2.9	2.4	–4.5	–5.0	–3.8	–4.3
	2026～2030	2.4	1.9	–4.0	–4.5	–3.3	–3.8
	2031～2035	1.9	1.4	–3.5	–4.0	–2.8	–3.3
湖南	2021～2025	1.0	0.5	–2.7	–3.2	–6.0	–6.5
	2026～2030	0.5	0.1	–2.2	–2.7	–5.5	–6.0
	2031～2035	0.1	0.1	–1.7	–2.2	–5.0	–5.5
江西	2021～2025	1.7	2.2	–4.4	–4.9	–4.1	–4.6
	2026～2030	1.2	1.7	–3.9	–4.4	–3.6	–4.1
	2031～2035	0.7	1.2	–3.4	–3.9	–3.1	–3.6

三、能源革命助推中部地区社会维度崛起路径设定

（一）中部五省城镇化及其进程方案

城镇化是中部崛起走向现代化“双轮驱动”的重要动力之一，自《国家新型城镇化规划（2014—2020 年）》出台以来，以人为本，推进以人为核心的城镇化成为新型城镇化建设的重要指导思想。《国家新型城镇化规划（2014—2020 年）》提出到 2020 年常住人口城镇化率达到 60%左右、城镇化格局更加优化、城市发展模式科学合理等具体目标。在中部五省中，安徽省有幸成为首批新型城镇化建设的试点省份。新型城镇化对服务业的需求快速增长，形成以服务业为主导的城镇化。发达国家的城镇化经验表明，城镇化在达到 50%之前是前期阶段，从 50%到 70%是中期阶段，从 70%到 80%是后期阶段。城镇化水平达到 80%即标志着城镇化的完成。2012～2018 年，河南、安徽、湖北、湖南和江西的城镇常住人口分别由 2012 年的 42.43%、46.5%、53.5%、46.65%、47.51%上升到 2018 年的 51.71%、54.69%、60.30%、56.02%和 56.0%，年均城镇化率为 3.35%、2.74、2.01%、3.10%和 2.78%（图 3-6）。从图 3-6 中可以看出，2018 年湖北省的城镇化率最高，为 60.30%，但湖北省发展速度也最慢，年增速仅为 2.01%。河南省的城镇化速度最快，高达 3.35%；而安徽省作为试点省份，城镇化速度仅高于湖北省，为五省中倒数第二。总体来看，中部五省的人口城镇化进程表明五省皆已进入中期发展阶段的后半期。

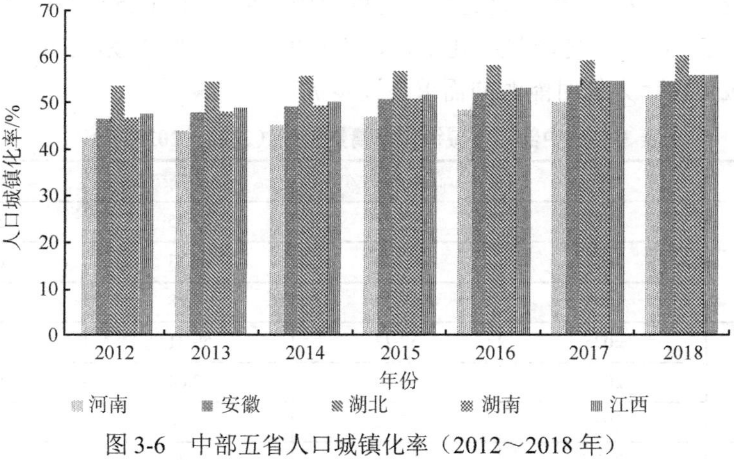

图 3-6 中部五省人口城镇化率（2012～2018 年）

根据联合国的预测，中国城镇化中期发展阶段将在 2030 年结束，届时的人口城镇化水平为 70%；从 2031 年开始进入后期发展阶段，进入城镇化中后期发展速度将会减缓，在 2050 年达到 80%，这意味着中国人口城镇化进程还需要 30 年左右才能结束。2018 年全国城镇化率为 59.58%，而中部五省中只有湖北省超过

了国家平均水平，而其他四省均不同程度地低于全国平均水平。考虑到中国有 14 亿人口和党的十六大以来中央推动的美丽乡村建设现实国情，中国城镇化速度会是一个逐步减缓的过程。为此，我们设置三种城镇化速度进行情景预测（表 3-12）。

表 3-12 中部五省城镇化速度设置替代方案（2021～2035 年）

省份	年份	高速情景/%	基准情景/%	低速情景/%
河南	2021～2025	1.60	1.50	1.45
	2026～2030	1.55	1.45	1.40
	2031～2035	1.45	1.40	1.35
安徽	2021～2025	1.25	1.15	1.05
	2026～2030	1.20	1.10	1.00
	2031～2035	1.15	1.05	0.95
湖北	2021～2025	1.05	0.95	0.85
	2026～2030	1.00	0.90	0.80
	2031～2035	0.95	0.85	0.75
湖南	2021～2025	1.45	1.35	1.25
	2026～2030	1.40	1.30	1.20
	2031～2035	1.35	1.25	1.15
江西	2021～2025	1.45	1.35	1.25
	2026～2030	1.40	1.30	1.20
	2031～2035	1.35	1.25	1.15

按照表 3-12 设定的城镇化速度，可以得到中部五省 2025～2035 年的城镇化发展指标（表 3-13）。随着城镇化推进，人们的收入水平会逐步提高，生活方式也会逐步城镇化，人们对能源的需求会逐步提升。

表 3-13 中部五省城镇化率情景预测（2025～2035 年）

省份	年份	高速情景/%	基准情景/%	低速情景/%
河南	2025	57.84	57.45	57.05
	2030	62.47	61.73	61.01
	2035	67.30	66.18	65.08
安徽	2025	59.72	59.31	58.90
	2030	63.39	62.64	61.90
	2035	67.12	66.00	64.90
湖北	2025	64.94	64.49	64.04
	2030	68.25	67.44	66.65
	2035	71.55	70.36	69.18
湖南	2025	62.02	61.59	61.17
	2030	66.49	65.70	64.93
	2035	71.10	69.91	68.75

续表

省份	年份	高速情景/%	基准情景/%	低速情景/%
江西	2025	62.00	61.57	61.15
	2030	66.46	65.68	64.91
	2035	71.07	69.89	68.72

（二）中部五省居民收入变化及预测

城乡二元经济结构是我国现代化发展过程中必须妥善解决的问题。中部崛起不仅要解决区域差距问题，同时还必须解决区域内的城乡差距问题。能源革命将改善社会维度的不平衡和不充分发展，促进社会发展成果共享和公平与效率统一。能源是社会生活的基本需求和生活水平的重要指标。随着新型城镇化的推进、人民经济收入的提高和居住环境的改善，对能源的需求必然也会上升。从区域内部的城乡差距来看，2005 年以来，中部五省的经济快速发展，城乡居民收入也随之增长，在多数年景下，“农村人均可支配收入/人均可支配收入增长指数”①高于“城镇人均可支配收入/人均可支配收入增长指数”（图 3-7）。

也因此，河南、安徽、湖北、湖南和江西五省的城乡收入差距比分别由 2005 年的 3.02、3.21、3.03、3.05 和 2.64 下降到 2018 年的 1.52、2.46、2.30、2.30 和 2.34（表 3-14）。根据国际劳工组织的数据，大多数国家的城乡收入差距约为 1.5∶1。中部五省中唯有河南省接近这个比例，安徽省的城乡差距最高，湖南省、湖北省和江西省的城乡收入差距较为接近。中部崛起的现代化进程必然也是收入差距逐步缩小的过程。随着工业化和新型城镇化的推进，中部五省城镇人口比例会逐步提升，收入水平也会相应提高。

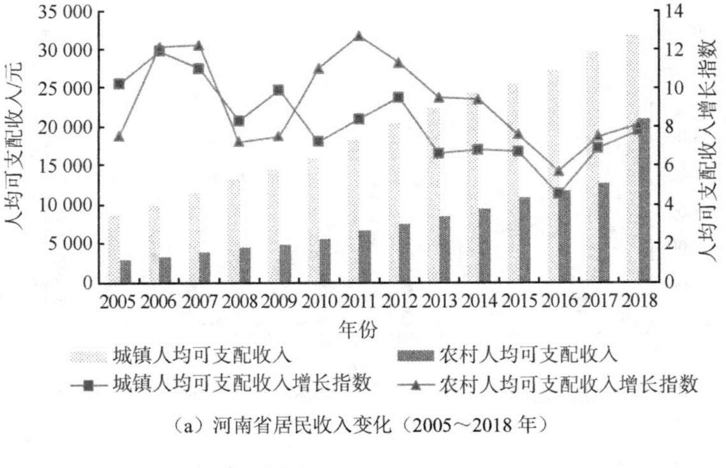

（a）河南省居民收入变化（2005～2018 年）

① 2015 年的《安徽省统计年鉴》即 2014 年的数据采用了“农村居民家庭人均可支配收入”代替“农村居民家庭人均纯收入”。

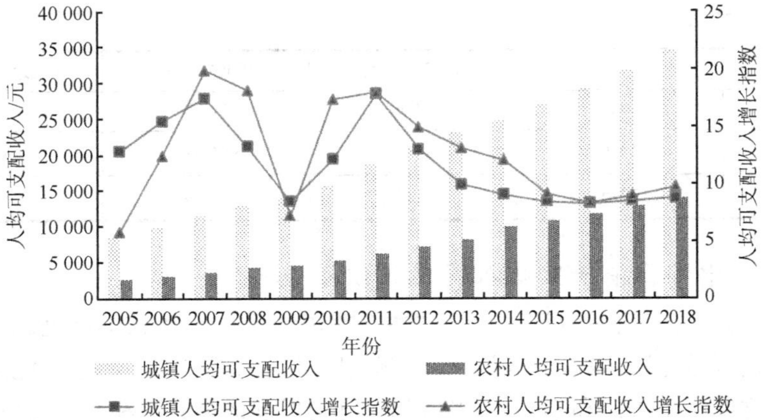

（b）安徽省居民收入变化（2005～2018 年）

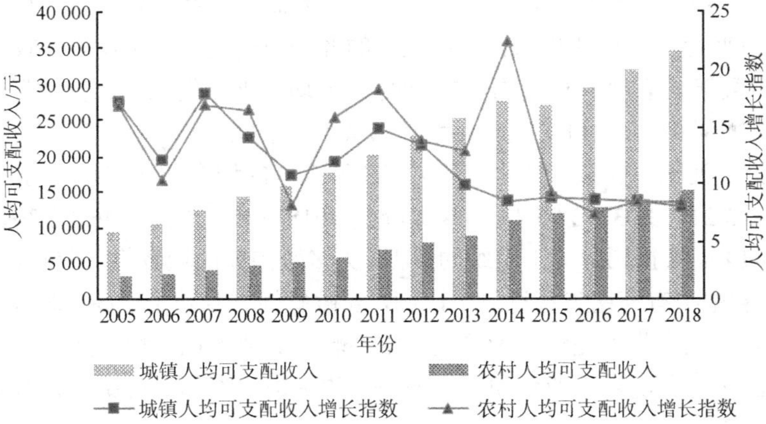

（c）湖北省居民收入变化（2005～2018 年）

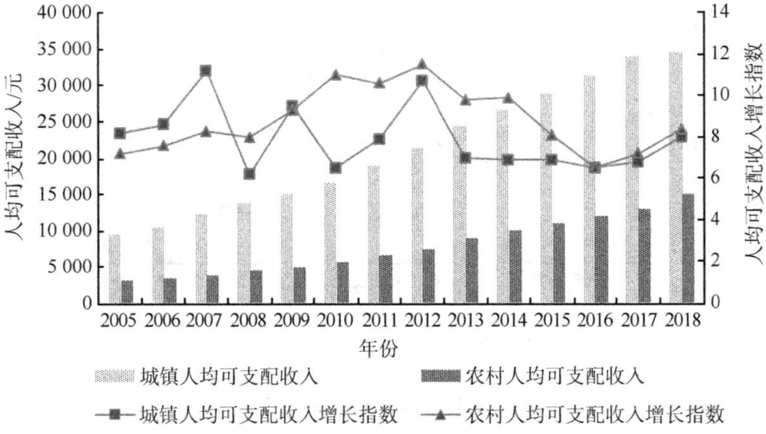

（d）湖南省居民收入变化（2005～2018 年）

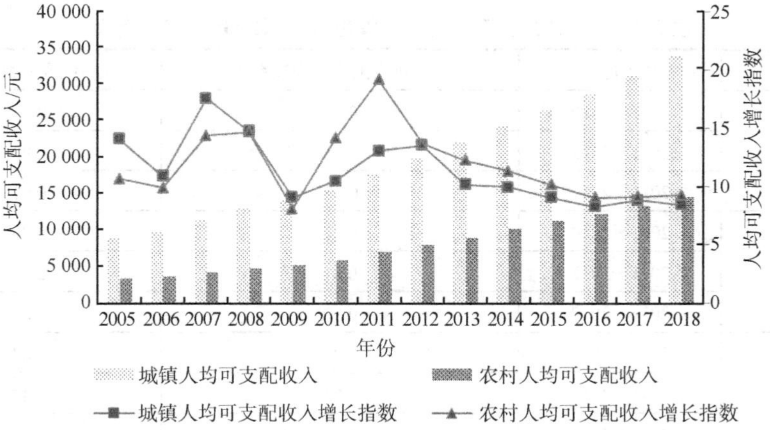

（e）江西省居民收入变化（2005～2018年）

图 3-7　中部五省居民收入变化

表 3-14　中部五省城乡居民收入差距变化（2005～2018年）

年份	河南	安徽	湖北	湖南	江西
2005	3.02	3.21	3.03	3.05	2.64
2006	3.01	3.29	3.08	3.10	2.66
2007	2.98	3.23	3.11	3.15	2.74
2008	2.97	3.09	3.04	3.06	2.74
2009	2.99	3.13	3.12	3.07	2.76
2010	2.88	2.99	3.01	2.95	2.67
2011	2.76	2.99	2.93	2.87	2.54
2012	2.72	2.94	2.92	2.87	2.54
2013	2.64	2.85	2.84	2.70	2.49
2014	2.59	2.50	2.54	2.64	2.40
2015	2.36	2.49	2.28	2.62	2.38
2016	2.33	2.49	2.31	2.62	2.36
2017	2.32	2.48	2.31	2.62	2.36
2018	1.52	2.46	2.30	2.30	2.34

中部崛起必须坚持协调发展，协调就是要统筹城乡协调发展，且重点促进城乡区域协调发展。为此，城乡收入差距的缩小需要提高农村家庭人均可支配收入增长指数。在此，我们将人均城、乡可支配收入的变化率与人均地区生产总值变化指数之比定义为城、乡收入弹性系数（表 3-15）。表 3-15 报告了不同时期中部五省农村纯收入弹性系数和城镇可支配收入弹性系数。

表 3-15　中部五省年平均收入弹性系数（2005～2017 年）

省份	年份	城镇可支配收入弹性系数	农村纯收入弹性系数
河南	2005～2010	0.74	0.73
	2011～2015	0.78	0.98
	2016～2017	0.82	0.91
安徽	2005～2010	0.81	0.79
	2011～2015	0.81	0.97
	2016～2017	0.80	0.87
湖北	2005～2010	1.04	1.04
	2011～2015	1.03	1.37
	2016～2017	1.06	1.08
湖南	2005～2010	0.61	0.62
	2011～2015	0.73	0.90
	2016～2017	0.91	0.94
江西	2005～2010	0.97	0.90
	2011～2015	1.04	1.19
	2016～2017	0.96	1.03

由表 3-15 可知，我国在 2005～2010 年多数省份（湖北省持平、湖南省略高）的城镇可支配收入弹性系数大于农村纯收入弹性系数，表明该时期城镇居民收入增长快于农村居民收入增长，也是城乡差距扩大时期；2011～2015 年和 2016～2017 年，即“十二五”和“十三五”前两年各省农村纯收入弹性系数均高于城镇可支配收入弹性系数，表明城乡差距在逐步缩小。

党的十九大报告①指出，2020～2035 年，在全面建成小康社会的基础上，再奋斗十五年，基本实现社会主义现代化。在收入分配领域，坚持在经济增长的同时实现居民收入同步增长、在劳动生产率提高的同时实现劳动报酬同步提高的目标。以目前的水平来看，2018 年，中部五省的人均收入折合美元分别为：河南省 0.76 万美元、安徽省 0.73 万美元、湖北省 1.01 万美元、湖南省 0.80 万美元和江西省 0.72 万美元；除湖北省外，其余四省均低于全国人均国内生产总值 9630 美元的水平。在国际收入水平组别中，居于“3956～12 235 美元的中高收入组别”中位水平；同时，国际经验表明，以目前的经济增长速度，由中等收入水平向高收入水平攀升需要 11～15 年时间。例如，日本由中等收入过渡到高收入组别花了 12 年的时间，新加坡花了 11 年，韩国最短也花了 7 年完成跨越。他们的经验还表明，人均可支配收入在临界点

① 习近平.决胜全面建成小康社会　夺取新时代中国特色社会主义伟大胜利——在中国共产党第十九次全国代表大会上的报告.[2017-10-27].http://www.gov.cn/zhuanti/2017-10/27/content_5234876.htm.

附近的增长速度通常快于人均国内生产总值；此时，收入弹性系数为1～1.2。之后，人均收入增长将放缓，则收入弹性系数为0.7～1。

中部五省到2035年要基本完成现代化，在此过程中，人均收入水平由中等收入向高收入组别过渡的同时还需要完成缩小城乡收入差距的目标。为此，在设定农村居民收入弹性系数时，我们假定农村居民可支配收入增长速度快于城镇居民可支配收入增长速度。在此假定下，我们编制了收入弹性系数的高增长、低增长和基准情景，并假设该系数在过渡点附近保持在1或更高水平。随着我国增收结构改善，各项降税减负政策红利释放，该系数将在成长阶段逐步提高。为此，居民收入方面提供了三种备选方案用于比较分析（表3-16）。

表3-16　中部五省收入弹性系数预测情景（2021～2035年）

省份	年份	城镇人均可支配收入弹性系数			农民人均纯收入弹性系数		
		高增长情景	基准情景	低增长情景	高增长情景	基准情景	低增长情景
河南	2021～2025	0.92	0.87	0.82	1.01	0.96	0.91
	2026～2030	0.97	0.92	0.87	1.02	0.97	0.92
	2031～2035	1.02	0.97	0.92	1.07	1.02	0.97
安徽	2021～2025	0.9	0.85	0.8	0.97	0.92	0.85
	2026～2030	0.95	0.9	0.85	1.02	0.97	0.92
	2031～2035	1	0.95	0.9	1.05	1.02	0.97
湖北	2021～2025	1.13	1.08	1.03	1.15	1.1	1.05
	2026～2030	1.15	1.1	1.05	1.17	1.12	1.07
	2031～2035	1.17	1.12	1.07	1.19	1.14	1.09
湖南	2021～2025	1.01	0.96	0.91	1.04	0.99	0.94
	2026～2030	1.06	1.01	0.96	1.09	1.04	0.99
	2031～2035	1.11	1.06	1.01	1.14	1.09	1.04
江西	2021～2025	1.01	0.96	0.91	1.04	0.99	0.94
	2026～2030	1.06	1.01	0.96	1.09	1.04	0.99
	2031～2035	1.11	1.06	1.01	1.14	1.09	1.04

（三）中部五省居民生活能源消费及预测

随着经济的发展、人均收入水平增长、居住条件以及家用电器的普及，居民生活能源消费增长迅速。图3-8（a）～图3-8（e）分别是河南省、安徽省、湖北省、湖南省和江西省人均能源消费量①，虽然年消费增长率波动性较大，但人

① 河南、湖北、湖南、安徽和江西的城镇人均能源消费和农村人均能源消费数据根据《中国能源统计年鉴》（2006—2018年）中分省“能源平衡表（实物量）”测算。

均能源消费量仍然呈现持续增长的趋势。随着城镇化的推进和收入水平的提高，人均能源的消费量也必然增加。以安徽省为例，居民生活消费在一次能源消费总量中的比例从 2010 年的 10.59%上升到 2017 年的 13.78%。从国际经验来看，在经济合作与发展组织国家，家庭能源消费通常占能源消费总量的 19%（不包括私人交通消费），由此，安徽省的生活能源消费还将继续攀升。

伴随着我国新型城镇化推进和人均收入水平的提高，2020 年后中部地区省份人均生活能源消费量必然在能源消费“量”和“质”两个方面有所提升。为了增加预测的可靠度，在此，以上海作为参考基准。上海已经率先完成了由中等收入向高收入水平的过渡，上海走过的历程可以作为中部省份城镇化生活能源消费的参考（表 3-17）。

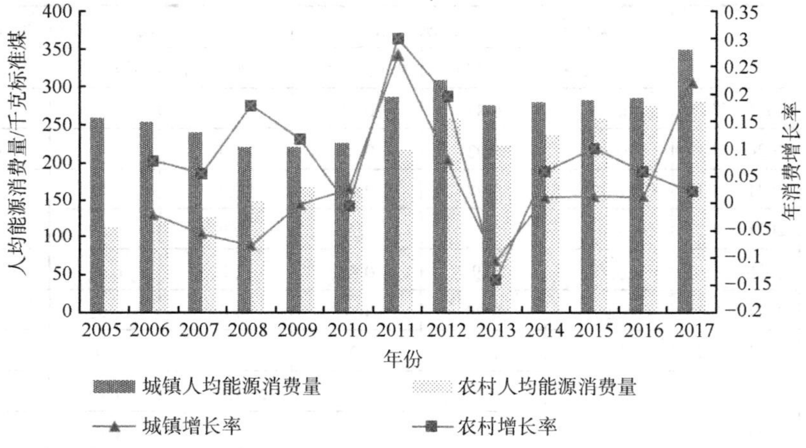

（a）河南省人均能源消费量及其增长率（2005～2017 年）

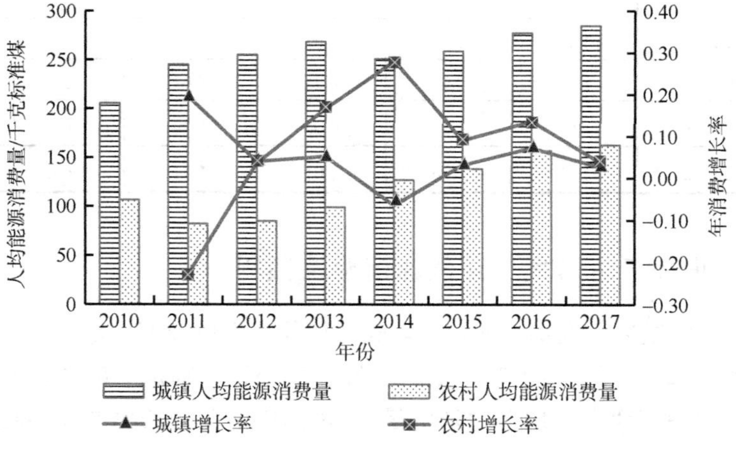

（b）安徽省人均能源消费量及其增长率（2010～2017 年）

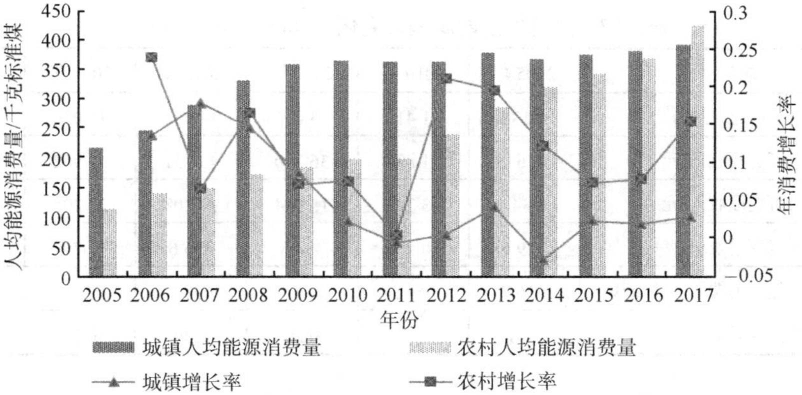

（c）湖北省人均能源消费量及其增长率（2005～2017 年）

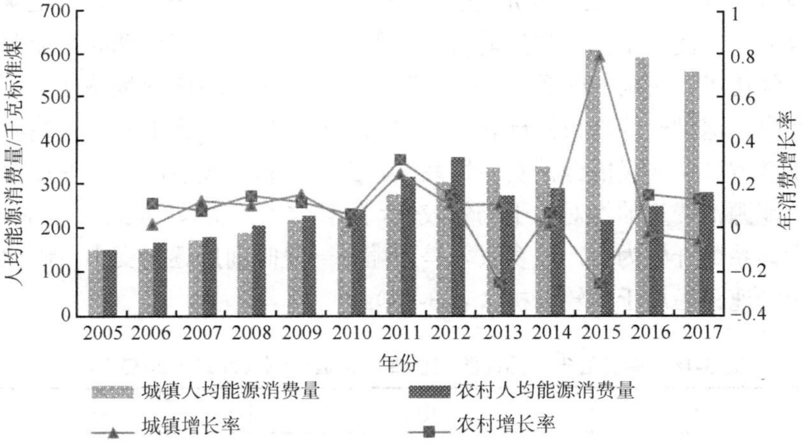

（d）湖南省人均能源消费量及其增长率（2005～2017 年）

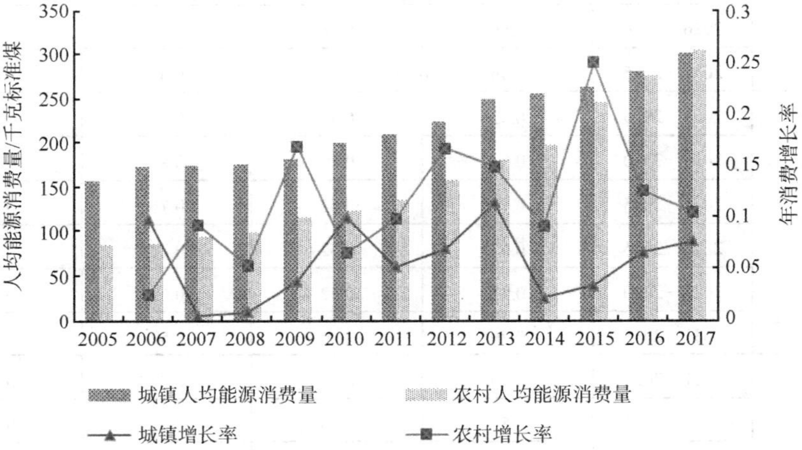

（e）江西省人均能源消费量及其增长率（2005～2017 年）

图 3-8　中部五省人均能源消费量及其增长率

表 3-17　上海生活能源消费变化（2005～2017 年）

项目	2005 年	2010 年	2011 年	2013 年	2015 年	2017 年
人均地区生产总值/美元	6 138	11 415	13 013	14 992	17 020	18 756
人均城镇可支配收入/元	18 645	31 838	36 230	43 851	52 962	62 596
人均农村可支配收入/元	8 342	13 746	15 644	19 208	23 205	27 825
城镇人均能源消费/千克标准煤	319.6	409.9	424.8	496.6	507.1	574.6
农村人均能源消费/千克标准煤	576.7	666.3	686.1	639.9	505.4	514.9
能源消费弹性系数	0.81	0.6	0.29	0.39	0.39	0.18

表 3-17 提供了上海 2005～2017 年经济增长的数据。在此期间上海人均地区生产总值从 2005 年的 6138 美元增长到 2017 年的 18 756 美元，也正是从中高收入到高收入的过渡，中部五省当前人均收入也在其区间。在此期间，能源消费弹性系数也经历了“先减小再增大再减小”的转变，并在 2011 年完成了转型，这一发现在北京和深圳一线城市同样存在。我们以此为依据结合上海等一线城市的规律设定安徽省城镇居民能源消费弹性系数。至于农村居民能源消费弹性系数，因为他们的能源消费量的绝对水平仍然较低，随着收入的增长，能源需求潜力较大，我们假设该系数开始为 1，城乡收入差距缩小一段时间后逐渐变小。由此，我们提供一个加速路径用于比较分析（表 3-18）。

表 3-18　中部五省生活能源消费弹性系数预测（2021～2035 年）

省份	年份	城镇		农村	
		基准情景	加速情景	基准情景	加速情景
河南	2021～2025	0.66	0.56	0.73	0.63
	2026～2030	0.56	0.46	0.63	0.53
	2031～2035	0.46	0.36	0.53	0.43
安徽	2021～2025	0.92	0.82	0.96	0.94
	2026～2030	0.82	0.80	0.86	0.84
	2031～2035	0.72	0.62	0.76	0.74
湖北	2021～2025	0.62	0.52	0.72	0.62
	2026～2030	0.52	0.42	0.62	0.52
	2031～2035	0.76	0.66	0.52	0.42
湖南	2021～2025	0.60	0.55	0.74	0.64
	2026～2030	0.55	0.50	0.64	0.54
	2031～2035	0.50	0.45	0.54	0.44

续表

省份	年份	城镇		农村	
		基准情景	加速情景	基准情景	加速情景
江西	2021～2025	0.70	0.65	0.67	0.62
	2026～2030	0.65	0.60	0.62	0.57
	2031～2035	0.60	0.55	0.57	0.52

四、能源革命助推中部崛起生态维度崛起路径设定

（一）能源革命推动下中部地区清洁能源组合

能源革命的核心是清洁低碳能源的发展，表现在能源消费量上是能源结构的变化。同时由于能源需要构建多元能源互补体系，这需要测算不同能源组合下的碳排放因子。例如，如果用 x 和 y 代表一次能源煤炭和天然气，在 2030 年非化石能源占一次能源消费比重达到 20%的目标下，则一次能源的二氧化碳排放因子 f 可以表示为

$$\sum_i (E_{s,i}ef_i) = xf_{\text{coal}} + (0.8 - x - y)f_{\text{oil}} + yf_{\text{gas}} \tag{3-11}$$

式中，$0.8 \geqslant x, y \geqslant 0$；$0.8 \geqslant x + y \geqslant 0$，且 f_{coal}、f_{oil} 和 f_{gas} 分别代表煤、石油和天然气二氧化碳排放系数（千克/千克标准煤）。由此，可得

$$\sum_i (E_{s,i}ef_i) = 2.795x + 2.114(0.8 - x - y) + 1.626y \tag{3-12}$$

化简可得

$$\sum_i (E_{s,i}ef_i) = 0.681x - 0.488y + 1.6912 \tag{3-13}$$

由上述公式可知，减少二氧化碳排放，就需要一次能源二氧化碳排放因子 f 最小，则最小化 x（煤的份额）和更大的 y（天然气份额）是理想的，即意味着减少煤炭的份额，增加一次能源组合中的天然气份额。能源结构优化的最优方案将是增加尽可能多的天然气。但现实中，能源系统存在巨大的惯性，建设天然气需求的开采和运输基础设施存在几年的交货期；同时，2035 年之前，由于私家车数量的增加，可能会引起对石油需求的提高。但是，据推测，随着清洁能源车技术的不断进步，未来十年石油份额将略有下降，而天然气份额将逐渐增加。在此，我们设定 2035 年之后石油消费量将下降。

（二）国家自主贡献下中部地区二氧化碳减排路线

中部五省能源革命发展战略是国家能源发展战略的一部分，体现了国家能源发展战略的宗旨。我国能源革命的一个很重要的宗旨就是需要减少二氧化碳排放以应对气候变化。在关于应对气候变化的国家自主贡献文件《巴黎协定》中提出，到 2030 年单位国内生产总值二氧化碳排放比 2005 年下降 60%～65%、非化石能源占一次能源消费比重达到 20%左右、森林蓄积量比 2005 年增加 45 亿米^3、二氧化碳排放在 2030 年左右达到峰值并争取尽早达峰。在国家自主贡献的承诺中，包括三个约束条件：①2030 年单位国内生产总值二氧化碳排放强度比 2005 年下降 60%～65%，这实际就确定了在 2030 年的二氧化碳排放最大量；②非化石能源占一次能源消费比重达到 20%左右，这就决定了可再生能源需要的发展速度和发展战略的制定；③二氧化碳排放在 2030 年左右达到峰值并争取尽早达峰，这实际是确定二氧化碳增长的拐点。以此减排战略路线图为依据，我们根据式（3-11）～式（3-13）可以推算 2030 年中部五省二氧化碳排放总量，在给定经济增长和碳强度目标的背景下，可以预测 2035 年和 2050 年的二氧化碳排放量。应对气候变化背景下中部五省二氧化碳减排路线如图 3-9 所示。

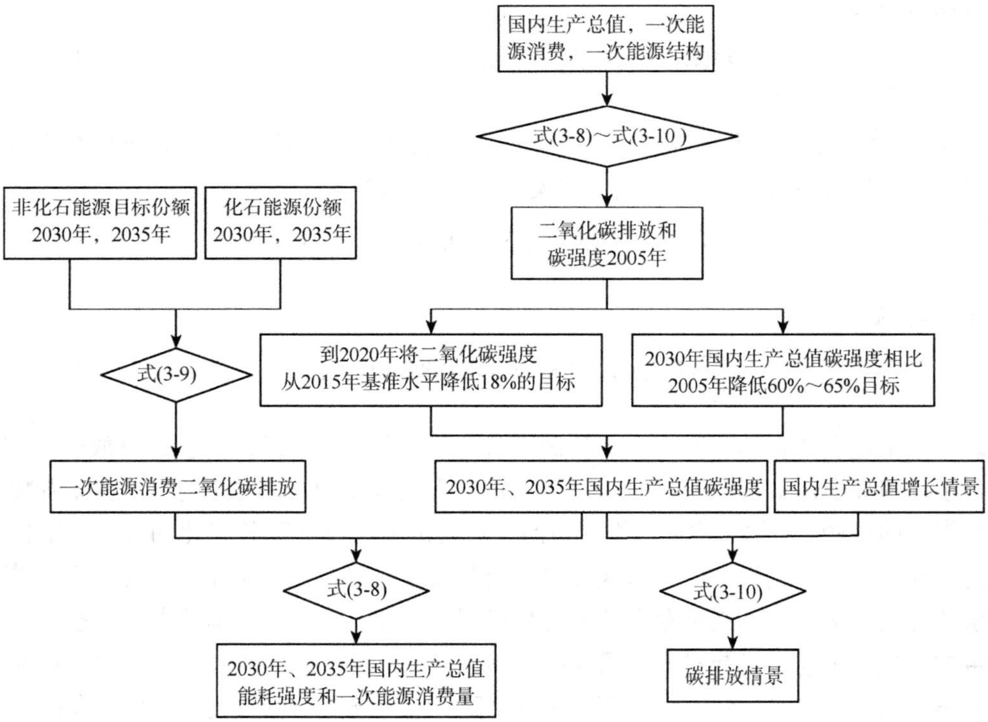

图 3-9　应对气候变化背景下中部五省二氧化碳减排路线

（三）能源革命推动中部地区一次能源结构变化预测

中部地区省份能源结构以煤为主，煤炭消费占总能源的比重较高。近年来，在能源革命的推动下，以技术创新为动力，煤炭的比例呈现下降趋势，煤炭的清洁转换率有了较大提高；同时，各省大力发展风能、光能和水能以及生物能等可再生能源，形成风光互补、水光互补等多能体系；另外，在区域能源合作中，“西气东输”“西电东送”“北煤南运”以及特高压智能电网布局为中部地区能源结构转换提供了条件。本节以此为依据构建能源革命推动中部能源结构转变情景（表 3-19）。

表 3-19 中部五省能源革命一次能源结构情景（2025～2035 年） （单位：%）

省份	年份	基准发展情景				能源革命情景			
		煤炭	石油	天然气	可再生	煤炭	石油	天然气	可再生
河南	2025	57.7	19.5	8.5	14.3	57.4	19.5	8.5	14.6
	2030	48.7	20.7	10.6	20.0	48.4	20.7	10.6	20.3
	2035	41.4	21.3	13.4	23.9	40.9	21.3	13.4	24.4
安徽	2025	66.4	18.2	8.1	7.3	63.8	18.2	8.1	9.9
	2030	61.3	18.4	9.3	11.0	58.0	18.4	9.3	14.3
	2035	56.0	18.6	10.1	15.3	53.3	18.6	10.1	18.0
湖北	2025	43.4	21.9	8.8	25.9	43.1	21.9	8.8	26.2
	2030	37.4	22.2	14.2	26.2	37.1	22.2	14.2	26.5
	2035	32.5	22.5	18.5	26.5	32.2	22.5	18.5	26.8
湖南	2025	60.3	16.6	4.8	18.3	60.0	16.6	4.8	18.6
	2030	55.6	16.9	7.8	19.7	55.3	16.9	7.8	20.0
	2035	51.8	17.1	10.1	21.0	51.5	17.1	10.1	21.3
江西	2025	63.1	18.5	6.7	11.7	62.8	18.5	6.7	12.0
	2030	53.4	18.7	10.8	17.1	53.1	18.7	10.8	17.4
	2035	44.6	19.0	14.0	22.4	44.3	19.0	14.0	22.7

第四节 中部五省能源需求量和碳排放情景分析

一、能源革命推动中部崛起的能源需求情景分析

前面指出，能源革命的核心包括提升能源效率和推进产业结构升级，本节不考虑能源产业自身结构的转型。在给定的变量和假设条件下，共有 144 个不同崛

起路径的能源消费情景组合。总结这些情景，我们根据国内生产总值增长率高、中、低设定了三个主要情景，然后在主要情景中研究选择了国内生产总值增长率基准下和国内生产总值增长率高、基准、低情景下 3 种关键子情景。表 3-20 提供了不同崛起路径下的能源需求情景总体描述。

表 3-20 情景设定总体描述

项目	情景	SE11	SE12	SE13	SE14	SE21	SE22	SE23	SE24	SE25	SE31	SE32	SE33	SE34
国内生产总值	高增长	√	√	√	√									
	基准情景					√	√	√	√	√				
	低增长										√	√	√	√
产业结构	加速情景	√	√					√	√				√	√
	基准情景			√	√	√	√			√	√	√		
城镇化	高速情景	√	√	√	√					√				
	基准情景					√	√	√	√					
	低速情景										√	√	√	√
能源效率	加速情景	√		√			√		√			√		√
	基准情景		√		√	√		√		√	√		√	
人均收入	高速情景	√	√	√	√					√				
	基准情景					√	√	√	√					
	低速情景										√	√	√	√
生活能源	高速情景	√	√	√	√					√				
	基准情景					√	√	√	√		√	√	√	√

表 3-20 将中部崛起中各宏观总体因子的国内生产总值、产业结构、城镇化、能源效率、人均收入和生活能源等整合为发展路径不同的选项，通过政策的实施可以选择不同的发展路径和效果。根据前面对中部五省不同情景的设定，可以得到中部五省 2021～2035 年不同路径下的能源需求量（表 3-21）。

表 3-21 能源革命推动中部崛起不同路径下的能源需求量（2021～2035 年）（单位：万吨标准煤）

年份	SE11	SE12	SE13	SE14	SE21	SE22	SE23	SE24	SE25	SE31	SE32	SE33	SE34
2021	81 573	83 529	82 840	84 420	83 958	82 622	83 402	81 838	83 490	83 235	81 676	82 684	81 134
2022	82 379	84 679	83 721	85 626	85 040	83 359	84 434	82 554	84 481	84 014	82 149	83 417	81 560
2023	83 060	85 713	84 494	86 722	86 015	83 991	85 353	83 158	85 361	84 670	82 503	84 019	81 863
2024	83 630	86 635	85 148	87 698	86 873	84 508	86 164	83 661	86 120	85 195	82 733	84 501	82 052
2025	84 313	87 679	85 914	88 792	87 851	85 140	87 095	84 280	86 993	85 824	83 066	85 087	82 347
2026	85 385	89 087	87 046	90 269	89 205	86 134	88 384	85 243	88 238	86 801	83 738	86 005	82 961
2027	86 085	90 152	87 822	91 374	90 157	86 740	89 302	85 848	89 115	87 372	84 021	86 546	83 218

续表

年份	SE11	SE12	SE13	SE14	SE21	SE22	SE23	SE24	SE25	SE31	SE32	SE33	SE34
2028	86 657	91 093	88 516	92 397	91 027	87 265	90 090	86 329	89 910	87 854	84 225	86 955	83 351
2029	87 185	91 988	89 132	93 337	91 816	87 715	90 835	86 774	90 621	88 249	84 348	87 311	83 439
2030	87 871	93 051	89 917	94 459	92 781	88 330	91 745	87 372	91 507	88 797	84 619	87 810	83 665
2031	88 902	94 452	91 005	95 906	94 060	89 237	92 976	88 272	92 703	89 630	85 164	88 604	84 171
2032	89 684	95 624	91 885	97 136	95 078	89 894	93 939	88 914	93 682	90 202	85 461	89 128	84 425
2033	90 350	96 683	92 678	98 272	96 002	90 464	94 788	89 451	94 567	90 679	85 673	89 540	84 575
2034	90 819	97 532	93 267	99 190	96 715	90 835	95 433	89 799	95 241	90 951	85 698	89 755	84 544
2035	91 240	98 330	93 782	100 031	97 351	91 136	96 027	90 101	95 840	91 144	85 656	89 917	84 473

由表 3-21 可以看出，截至 2035 年，中部地区的能源需求呈现递增趋势，没有出现拐点；能源的需求量为 84 473 万～100 031 万吨标准煤。这与表 3-7 形成了鲜明的对比，在表 3-7 中，在经济高增长不同背景下，不考虑产业结构演变和能源效率的条件下，能源的需求分别为 94 985.34 万吨标准煤、94 199.66 万吨标准煤、92 841.62 万吨标准煤。对比表 3-21，能源革命推动产业结构优化和提升能源效率，即 SE11 路径，则 2035 年的能源需求量为 91 240 万吨标准煤；如果能源革命不能实现产业结构优化和提升能源效率，而城镇化进程加速，即 SE14 路径，则能源的需求量为 100 031 万吨标准煤；如果推动产业结构升级和提升能源效率二者选一，则是 SE12 和 SE13 路径。

在基准经济增长背景下，中部五省 2035 年的能源需求量为 90 101 万～97 351 万吨标准煤。在产业结构升级和能源效率提升的条件下，即 SE24 路径下，中部地区的能源需求量为 90 101 万吨标准煤；同样，如果能源革命不能推动产业结构升级和提升能源效率，则能源需求量为 97 351 万吨标准煤，即 SE21 路径；其他情况介于二者之间；但是，能源革命中如果调整产业结构和提升能源效率相比，不推动产业结构升级，仅提升能源效率，则能源需求为 91 136 万吨标准煤，即 SE22 路径；不提升能源效率，仅推动产业结构升级，即 SE23 路径，则能源需求量为 96 027 万吨标准煤；SE25 是在城镇化加速的背景下，产业结构和能源效率不变的条件下，能源的需求量为 95 840 万吨标准煤。

在经济低增长背景下，分为四种情景。SE31 是基准情景，能源需求量为 91 144 万吨标准煤；SE32 是基准情景下能源革命提升了能源效率，在此背景下能源需求量为 85 656 万吨标准煤；SE33 是在 SE32 的基础上能源革命加速产业结构优化升级，此时能源的需求量为 89 917 万吨标准煤；SE34 是在 SE33 基础上能源革命既促进了产业结构优化又提升了能源效率，则至 2035 年能源需求量为 84 473 万吨标准煤。

综上所述，能源革命在推动中部崛起中，推进产业结构优化和提升能源效率方面起到了至关重要的作用。一方面可以节约能源消费量；另一方面可以为中部崛起提供路径选择。

二、能源革命推动中部崛起二氧化碳排放量拐点模拟情景

能源革命的核心之一是推进能源结构转型，即通过能源结构的变化向清洁低碳方向发展。根据前面不同崛起路径的假设，加上能源革命和基准能源供给情景假设，可以得到共 432 个不同崛起路径的二氧化碳排放情景组合。总结这些情景，我们将经济基准增长，经济高、低增长和能源革命、能源基准发展组合，可以得到能源碳排放峰值的拐点年份情况。

（一）经济高增长情景下二氧化碳排放拐点出现情景

在经济高增长前提下，如果中部地区能源按照基准情景发展，四种不同崛起路径下，中部地区的二氧化碳排放量在 2022 年左右达到峰值，2022 年之后才缓慢下降（表 3-22）。在基准情景和能源革命情景对比下，SE11 和 SE13 路径基准情景和能源革命情景峰值出现年份均为 2021 年，但是，能源革命情景下总排放量要小于基准情景。SE12 和 SE14 在基准情景下峰值出现年份为 2022 年，而在能源革命情景下出现年份为 2021 年，同样，排放总量均低于基准情景排放量。

表 3-22　经济高增长情景下二氧化碳排放量拐点　（单位：万吨）

年份	能源革命情景				年份	基准情景			
	SE11	SE12	SE13	SE14		SE11	SE12	SE13	SE14
2021	154 216	158 055	156 890	159 891	2021	155 631	159 514	158 343	161 372
2022	153 437	157 844	156 231	159 769	2022	155 115	159 584	157 966	161 543
2023	152 205	157 176	155 146	159 197	2023	154 181	159 234	157 202	161 303
2024	150 502	156 002	153 553	158 086	2024	152 811	158 418	155 971	160 567
2025	148 779	154 794	151 936	156 933	2025	151 541	157 695	154 845	159 919
2026	147 937	154 399	151 150	156 627	2026	150 691	157 293	154 055	159 610
2027	146 233	153 177	149 524	155 430	2027	149 019	156 112	152 467	158 456
2028	144 034	151 423	147 479	153 779	2028	147 115	154 678	150 753	157 145
2029	141 590	149 393	145 114	151 772	2029	144 720	152 706	148 447	155 201
2030	139 169	147 367	142 782	149 785	2030	142 551	150 956	146 398	153 505
2031	138 407	147 014	142 055	149 471	2031	141 758	150 571	145 638	153 159
2032	137 355	146 405	141 107	148 914	2032	140 655	149 916	144 642	152 556
2033	136 008	145 484	139 904	148 076	2033	139 232	148 922	143 366	151 646
2034	134 246	144 105	138 266	146 757	2034	137 369	147 444	141 628	150 228
2035	132 303	142 515	136 396	145 178	2035	135 284	145 710	139 606	148 496

（二）经济基准增长情景下二氧化碳排放拐点出现情景

在经济基准增长背景下，如果中部地区能源按照基准情景发展，五种不同崛起路径下，中部地区的二氧化碳排放峰值出现在 2021 年，此后随着能源结构的转型呈现出逐年递减趋势（表 3-23）。

表 3-23　经济基准增长情景下二氧化碳排放量拐点　（单位：万吨）

年份	能源革命情景					年份	基准情景				
	SE21	SE22	SE23	SE24	SE25		SE21	SE22	SE23	SE24	SE25
2021	159 007	156 546	157 913	154 941	158 022	2021	160 481	157 999	159 375	156 375	159 482
2022	158 667	155 615	157 489	153 997	157 526	2022	160 428	157 347	159 233	155 702	159 265
2023	157 887	154 268	156 614	152 627	156 591	2023	159 973	156 318	158 677	154 640	158 648
2024	156 586	152 433	155 245	150 796	155 140	2024	159 038	154 838	157 666	153 156	157 553
2025	155 251	150 584	153 849	148 960	153 655	2025	158 196	153 469	156 752	151 788	156 550
2026	154 761	149 569	153 263	147 921	153 010	2026	157 699	152 439	156 154	150 734	155 897
2027	153 331	147 665	151 798	146 054	151 498	2027	156 305	150 564	154 724	148 898	154 420
2028	151 463	145 360	149 817	143 708	149 555	2028	154 764	148 573	153 055	146 856	152 797
2029	149 254	142 753	147 570	141 134	147 276	2029	152 610	146 012	150 860	144 329	150 572
2030	147 070	140 186	145 332	138 584	145 029	2030	150 703	143 710	148 888	142 038	148 597
2031	146 535	139 205	144 746	137 622	144 406	2031	150 130	142 685	148 263	141 035	147 938
2032	145 698	137 948	143 848	136 371	143 552	2032	149 241	141 368	147 310	139 728	147 032
2033	144 592	136 449	142 650	134 847	142 431	2033	148 058	139 788	146 032	138 123	145 837
2034	143 028	134 538	141 014	132 930	140 855	2034	146 391	137 770	144 290	136 101	144 160
2035	141 219	132 414	139 181	130 846	139 038	2035	144 429	135 490	142 308	133 868	142 194

（三）经济低增长情景下二氧化碳排放拐点出现情景

在经济低增长情景下，如果中部地区能源按照基准情景发展，四种不同崛起路径下，中部地区的二氧化碳排放峰值均出现在 2021 年，此后随着能源结构的转型呈现出逐年递减趋势（表 3-24）。同样，在能源革命和基准情景下，能源革命要大大减少二氧化碳排放量，这不仅有利于治理全球气候变化，也使中国在国际舞台上展示出负责任的大国形象。

表 3-24　经济低增长情景下二氧化碳排放量拐点　（单位：万吨）

年份	能源革命情景				年份	基准情景			
	SE31	SE32	SE33	SE34		SE31	SE32	SE33	SE34
2021	157 608	154 650	156 525	153 579	2021	159 069	156 082	157 975	155 001
2022	156 719	153 253	155 557	152 109	2022	158 459	154 955	157 282	153 795
2023	155 381	151 440	154 131	150 211	2023	157 439	153 448	156 166	152 196

续表

年份	能源革命情景				年份	基准情景			
	SE31	SE32	SE33	SE34		SE31	SE32	SE33	SE34
2024	153 527	149 148	152 216	147 861	2024	155 938	151 498	154 597	150 181
2025	151 641	146 849	150 276	145 513	2025	154 530	149 665	153 125	148 287
2026	150 565	145 356	149 113	143 935	2026	153 440	148 153	151 942	146 687
2027	148 581	143 008	147 102	141 565	2027	151 482	145 828	149 956	144 339
2028	146 184	140 287	144 601	138 744	2028	149 396	143 410	147 753	141 807
2029	143 473	137 293	141 862	135 725	2029	146 730	140 457	145 055	138 826
2030	140 795	134 350	139 140	132 743	2030	144 313	137 769	142 584	136 087
2031	139 686	132 922	137 991	131 277	2031	143 158	136 292	141 386	134 573
2032	138 294	131 237	136 549	129 546	2032	141 704	134 545	139 882	132 778
2033	136 659	129 338	134 835	127 572	2033	139 985	132 563	138 081	130 717
2034	134 605	127 067	132 722	125 245	2034	137 822	130 183	135 857	128 280
2035	132 337	124 613	130 441	122 781	2035	135 397	127 574	133 423	125 664

综上所述，能源革命战略与中部崛起战略结合，可以有效推动中部地区高质量发展。能源革命以转变能源结构、提升能源效率的方式，在推进中部地区产业结构转型升级、新型城镇化发展和人们生活水平方面发挥了积极作用。

第四章　中部地区在国家能源革命的战略定位、未来能源发展战略和重点

第一节　战略定位

一、中部地区战略定位

中部地区是以电网为核心，水电、风电、光伏等分布式清洁能源大规模接入，能源结构优、利用效率高、环境保护好的能源互联网建设引领者；是支撑西气东输、西电东送、北能南运，保障中部及东部地区能源供应，服务于中部地区崛起，长江中游经济带、长三角经济带高质量发展的能源综合枢纽站；是以能源综合管理为载体，多能协同，能源产销端市场主体自由组合、开放共享的经营模式变革者；是以长江中游城市群为中心的清洁能源发电装备制造、输配电智能制造、先进储能制造等新能源装备产业聚集高地。

二、湖南省战略定位

湖南省是“三型两网”建设的示范区，全面推进企业数字化转型和大数据建设，着力培育具备枢纽型、平台型、共享型典型特征的能源互联网现代企业典范，打造共建、共治、共赢的能源互联网生态圈。

三、湖北省战略定位

湖北地处“一带一路”的联结地带，是长江经济带、长江中游城市群的核心区域，是贯彻落实和推进实施国家战略的重要省份。湖北省作为“中部崛起”战略支点，具有承东启西的战略地位。在全球能源短缺和气候恶化的大背景下，湖北省作为国家老工业基地、中国的中部大省，对缓解我国的能源和气候压力有着义不容辞的责任和义务。湖北省必须主动对接国家战略，在体制机制创新上走在全国前列，充分利用自身资源禀赋优势和产业基础条件，加快推进工业产业的升级。

（1）在石油、天然气方面，湖北省是川气东送、西气东输的重要枢纽，要加快制定实施储气调峰设施建设方案，加强天然气需求侧管理，提高天然气资源供应保障能力，充分发挥江汉油田的中南地区重要的综合型石油基地的优势，打造湖北省在中部地区石油、天然气中举足轻重的战略地位。

（2）在电力方面，作为中国重要的水电工业基地，继续保持湖北省水力发电事业的核心作用。

（3）装备制造方面，在武汉、襄阳等地打造清洁能源发电装备制造产业基地。在武汉、宜昌、襄阳等区域发展在国内具有重要影响力的能源科技装备产业集群，不断促进产业升级。

（4）交通方面要主动融入，以打造沿江综合立体交通走廊为重点，加快构建与长江中游城市群、全国各大经济区及“一带一路”沿线重要国家高效衔接、互联互通的开放型综合运输大通道，为湖北省打造中国内陆开放新高地提供有力支撑。创建具有影响力的能源科技装备产业集群，不断促进产业升级。

四、河南省战略定位

河南省充分发挥区位优势，做好承接“西气东输、西电东送、北能南运”的角色。按照“内节外引、多元发展”的能源方针，在“减煤、稳油、增气”的能源政策指导下，大力发展新能源，增加可再生能源的比例。加强电网建设、油气管网建设和煤炭储存基地建设，其中，建设特高压交直流混联省级电网，可为减煤替代和能源供应提供有效保障。到2030年，建成“两交三直”特高压网架结构，可以与全国的“四交四直”连接，形成“强交强直”特高压供电格局。这种供电格局除了能够保障“外电入豫”能力大幅度提升外，也是“西电东送”的主要通道。

河南省围绕经济强省建设，首先要打好“四张牌”，即产业结构优化升级、创新驱动发展、基础能力建设、新型城镇化。同时，也要加快“三区一群”建设，即郑州航空港经济综合实验区、中国（河南）自由贸易试验区、郑洛新国家自主创新示范区、中原城市群。打造“三个高地”——中西部科技创新高地、内陆开发高地、全国重要文化高地。实现从“传统农业大省”到“新兴工业大省”的转变，在继续扮演好国人粮仓、国人厨房、世人餐桌等角色分工的同时，还需发展高新产业，如新能源汽车、智能手机、盾构机已经成为河南制造的名片，通过产业结构调整推动能源结构优化。

建设现代能源保障体系，既涉及铁路网、公路网、油气管网、电网（包括特高压输电通道+智能配电网）的建设，又要考虑煤炭储存基地、油气储存基地、电力储存蓄水电站的建设。尤其需要强调，特高压输电通道+智能配电网的建设是提升能源保障能力、优化能源结构、促进能源绿色低碳转型、实现由量变到质变的能源领域跨越式发展的重要支撑。

五、安徽省战略定位

安徽省是中部地区重要的能源基地，素有“华东工业粮仓”之称，长期以来为苏沪浙经济发展做出了巨大贡献。在长三角经济高质量一体化发展的大背景下，安徽省能源革命应立足安徽，服务长三角提高地区能源安全保障能力；安徽省要积极推动地区产业升级、新型城镇化建设，实现能源生产和消费方式的根本性转变，构建清洁低碳、安全高效的多元能源体系，推进安徽省清洁能源发展示范省建设。安徽省煤炭资源丰富，但绿色煤炭资源储量有限，在应对气候变化的大背景下，应有序地降低煤炭生产规模，促进煤炭清洁利用，加快发展煤层气；大力支持太阳能、风能、生物质能、水能、地热能等可再生能源发展；完善安徽省作为新能源枢纽的管理职能，打造“智慧电网”“智慧气网”，提升“皖电东送”“疆电入皖”“西气东输”“海气入皖”智能管理水平；加大煤炭清洁利用技术、核能安全利用技术的研发力度，做好清洁能源利用技术储备。

六、江西省战略定位

江西省历届省委、省政府高度重视生态文明建设，江西省改革开放多年来的发展理念、发展战略都充分体现了尊重自然、顺应自然、保护自然的核心要求。从20世纪80年代启动的“山江湖工程”到“生态立省、绿色发展”战略，从加快转变经济发展方式，“科学发展、进位赶超、绿色崛起”到“加快培育经济发展新动能，坚定走生态优先、绿色发展之路”，体现了江西省坚定做绿色发展、绿色崛起的发展道路。党的十九大以来，江西省进入中高收入发展时期和工业化中后期阶段，仍然处于大有作为的重要战略机遇期，但也面临诸多矛盾和严峻挑战，经济社会发展处于经济转型升级的关键期和生态文明建设的提升期。为此，江西省鼓励企业大力实施技术改造，采用新技术、新工艺、新装备，让传统产业再创辉煌。同时，江西省正瞄准产业发展动态，紧盯电子信息、航空、新能源、新材料、装备制造等新兴产业不放，集中优势资源和力量，深入实施战略性新兴产业倍增计划，推动集群集聚发展。

无论实施战略新兴产业计划还是生态文明建设，江西省的经济社会发展都需要新能源的支持。目前，江西省能源产业要在以下几个方面争取实现突破。

（1）加快转变能源发展方式。要加强煤炭安全绿色开发，推进煤炭清洁高效利用；加快煤电基地建设，推进高效洁净燃煤发电；统筹推进煤、电、油、气多种能源输送方式发展，完善能源输送体系，积极构建智慧能源系统，着力推进能源全领域、全环节智慧化发展，建设协调发展、集成互补的能源互联网，提高电网与发电侧、需求侧的交互响应能力，以能源革命推动江西省绿色崛起。

（2）加快调整能源产业结构。江西省正处在产业化发展中期阶段，对能源消费十分迫切，从产业方面可以看出，伴随着技术密集型的产业规模不断扩大，由于技术水平欠缺，技术创新能力也不强，随着科学与技术不断发展及产业技术水平不断提高，应该重点对传统能耗较高、污染排放较为严重的产业进行技术工艺方面的改造与更新，这是提高能源总体利用效率不可避免的途径。

（3）建立节能和约束机制，优化产业布局，从源头上杜绝不合理用能，实现能源优化高效配置。

（4）不断加强技术创新，发展新能源。

第二节　战 略 目 标

一、中部地区战略目标

2020～2025 年：从根本上扭转能源消费粗放增长方式。能源消费总量得到控制，煤炭消费比重进一步降低，清洁能源成为能源增量主体，能源结构调整取得明显进展，非化石能源占比提高到 20%左右；单位地区生产总值二氧化碳排放比 2018 年下降 20%；能源开发利用效率大幅提高，主要工业产品能源效率达到或接近国际先进水平，单位国内生产总值能耗比 2018 年下降 16%；能源自给能力增强，基本形成比较完善的能源安全保障体系。

2026～2035 年：可再生能源、天然气和核能利用持续增长，高碳化石能源利用大幅减少。能源消费总量得到进一步控制，非化石能源、天然气占能源消费总量的比重进一步上升，新增能源需求主要依靠清洁能源满足；自主创新能力全面提升，能源科技水平位居全国前列；现代能源市场体制更加成熟、完善；初步构建现代能源体系。

二、湖南省战略目标

1）智能电网升级，打造以电力为中心的能源互联网

以电网为核心，鼓励风电、太阳能发电等可再生能源的智能化生产，推动化石能源开采、加工及利用全过程的智能化改造，加快开发先进的储能系统。加强电力系统的智能化建设，有效对接油气管网、热力管网和其他能源网络，促进多种类型能源网络互联互通和多种能源形态协同转化。通过加强智能电网、泛在电力物联网的建设、运营和发展，打造以电力为中心的能源互联网，推动云计算、大数据、智能优化等新兴技术在能源领域的应用落地，提高清洁能源使用率、提升能源输送和配置效率、实现能源综合服务管理和应用。

2）能源体制改革，实现能源市场开放与产业升级

还原能源商品属性，加快形成统一开放、竞争有序的市场体系，充分发挥市场配置资源的决定性作用并更好地发挥政府作用。以节约、多元、高效为目标，全面推进能源企业市场化改革，建立由能源资源稀缺程度、市场供求关系、环境补偿成本、代际公平可持续等因素决定的能源价格机制，创新能源宏观调控机制，实现能源市场开放与产业升级。

三、湖北省战略目标

1）工业部门

2015～2025 年：通过控制产能与存量挖潜，助力工业能耗尽早达峰。湖北省将形成一批具有较强国内竞争力的大公司和产业集群，在全国产业分工和价值链中的地位明显提升，出口产品价值含量更高，并实现进出口的“零能源负债”。在产能替代过程中为整合设计的工业能效系统解决方案创造了用武之地，重点行业单位工业增加值能耗、物耗及污染物排放达到世界先进水平。系统优化则表现为工业企业与社会系统之间的“生态链接”全面建立，循环型社会体系基本建成。

2026～2035 年：生态化园区与复合型工厂初具规模。智能化、信息化、网络化工业交互生产方式将在各行业、各企业得以确立，工业机器人全面普及，信息物理系统得到广泛应用，大规模量身定制方式将成为主导，生产、生活垃圾无害化处理率达到 100%。

2）交通部门

2015～2025 年：示范推广新型交通工具和创新组织管理模式，提升能源效率。鉴于此阶段为汽车保有量快速增长阶段，要采取多种手段，积极示范新能源汽车，做好技术创新公关和储备。通过优化城市结构和布局、提高非机动化出行便利程度、增加停车收费和拥堵收费等，减少私家车的实际行驶里程。推动多式联运和综合交通体系发展，特别是结合信息化技术优化物流体系，通过信息通信技术与物流体系、客运系统融合，减缓届时客货周转量的快速增长势头。

2026～2035 年：基本建成以铁路和公共交通为骨架的交通运输体系；交通用油达到峰值，交通用能多元化局面初步形成。在此期间，铁路客运、货运扭转了以往其在交通运输结构中占比下降的趋势，城市交通也形成了以轨道交通和公共汽车为主题的城市交通运输结构。天然气汽车在货车等领域得到全面推广，新能源汽车包括电动汽车在保有量中占有一定比重，新增出租车都是电动或插电式混合动力汽车，私家车大部分也电动化，电动汽车处于全面铺开阶段。终端用能结构发生重大变化，油品消费量在 2030 年出现峰值，终端用能和碳排放量在 2035 年达到峰值。

3）建筑部门

2015～2025年：以建设超低能耗建筑为核心的各项重塑举措全面实施。尽快普及一体化设计理念，大力推广城镇被动式住宅、农村近零能耗住宅和超低能耗公共建筑，加快深度节能改造；积极推广超高效建筑用能系统和设备；着力推进可再生能源建筑应用，引导提高建筑用能电气化水平；积极发展建筑智能系统；合理控制建筑面积增长，广泛推行建筑工业化，建筑部门终端能源消费量在2025年之前达到峰值。

2026～2035年：高效、清洁、智能的建筑能源利用方式全面形成。通过对前期建造的非超低能耗建筑实施超低能耗改造，到2035年，建筑部门能源利用效率显著提高，超高效建筑用能系统和设备全面普及，建筑智能化控制程度普遍较高；建筑终端能源结构清洁低碳，可再生能源在建筑中广泛应用，建筑用能电气化水平大幅提升，建筑终端用能基本实现去煤化。

四、河南省战略目标

（1）能源需求总量增速减缓，单位地区生产总值能耗降速加快。2020年，单位地区生产总值能耗下降至0.48吨标准煤/万元，接近全国平均水平；到2035年，单位地区生产总值能耗下降至0.29吨标准煤/万元，接近中等发达国家能耗水平；到2050年，单位地区生产总值能耗下降至0.20吨标准煤/万元，接近目前发达国家的能耗水平。

（2）2020年，淘汰煤炭落后产能6254万吨，组建绿色煤炭生产基地，全省煤炭产能控制在国家规划的1.65亿吨以内，全年煤炭产量控制在1亿吨以内。到2035年，煤炭消费量2.04亿吨；到2050年，煤炭消费量2.03亿吨。

支持煤炭企业建设绿色矿山和智慧煤矿，实施精煤行动，加强洗选能力建设，提供优质清洁产品，2020年，全省煤炭洗选率达到67%。到2035年，全省煤炭洗选率将达到100%。

（3）2020年，基本建成豫西沿黄山地区域、豫北沿南太行山区域、豫西南伏牛山区域、豫南桐柏山大别山区域4个百万千瓦级风电基地，全省风电装机规模达到600万千瓦以上。大力发展地热，2020年，全省地热供暖面积累计达到11 700万米^2。结合实施乡村振兴战略，探索村级光伏电站建设新模式。2020年，全省光伏发电装机规模达到500万千瓦以上。

（4）农村能源革命，率先启动兰考能源革命国家级示范县建设。2020年，清洁能源消费比重、生活垃圾回收和处理率、农作物秸秆利用率大幅度提高，农村能源生产消费结构显著优化。根据兰考试点建设经验，从2020年开始，在具备一定前期工作基础的永城、虞城、商水等地开展示范。到2035年，根据试点情况，在全省范围全面推广。

（5）降低煤电的平均供电标准煤耗，增加外引电力。2020 年，全省煤电企业淘汰落后产能 400 万千瓦以上。到 2035 年，高效清洁煤电机组占比达到 100%左右，全省煤电平均供电标准煤耗降低至 290 克标准煤/（千瓦·时）以下。加大终端电力消费量占比，优化能源结构。2020 年，外电占比达到 16%；2035 年，外电占比达到 30%；2050 年，外电占比达到 40%。

五、安徽省战略目标

根据安徽省能源革命的战略定位，结合中部高质量崛起、产业高级化和新型城镇化发展需求，逐步实现安全高效、清洁低碳多元能源体系目标。

落实国家应对气候变化自主贡献的承诺，2030 年之前碳排放达到峰值。根据安徽省崛起的不同情景模拟得出，进行产业结构高度化是保证碳排放在 2030 年之前达到峰值的前提条件。2035 年一次能源消费总量控制在 1.98 亿吨标准煤以下，煤炭占比低于 56%。

六、江西省战略目标

（1）总量目标。到 2025 年，全省能源消费总量控制在 15 000 万吨标准煤以内，一次能源生产总量力争达到 3000 万吨标准煤，能源自给率为 20%，全社会用电量为 2400 亿千瓦·时左右，发电装机规模为 5000 万千瓦左右。到 2035 年，全省能源消费总量控制在 20 000 万吨标准煤以内，一次能源生产总量力争达到 5000 万吨标准煤，能源自给率为 25%，全社会用电量为 4000 亿千瓦·时左右，发电装机规模为 7000 万千瓦左右。

（2）结构目标。到 2025 年，非化石能源消费比重力争达到 15%，天然气消费比重提高到 12%，煤炭消费比重降低到 60%。到 2035 年，非化石能源消费比重力争达到 20%，天然气消费比重提高到 18%，煤炭消费比重降低到 50%。

（3）效率目标。到 2025 年，煤电平均供电煤耗下降到 300 克标准煤/（千瓦·时），电网线损率力争下降到 6.5%，单位地区生产总值能耗达到国家要求。到 2035 年，煤电平均供电煤耗下降到 290 克标准煤/（千瓦·时），电网线损率力争下降到 6%，单位地区生产总值能耗远低于国家要求。

（4）环境目标。到 2025 年，单位地区生产总值二氧化碳排放达到国家要求，能源行业环保水平显著提高，燃煤电厂污染物排放水平显著降低，具备改造条件的煤电机组全部实现超低排放，城市环境空气质量平均优良天数占比达到 95%。到 2035 年，单位地区生产总值二氧化碳排放远低于国家要求，城市环境空气质量平均优良天数占比达到 100%。

（5）民生目标。到 2025 年，人均居民年生活用电量达到 800 千瓦•时，城镇地区用户年均停电时间不超过 8 小时，天然气使用人口达到 2000 万。到 2035 年人均居民年生活用电量达到 1000 千瓦•时，城镇地区用户年均停电时间不超过 5 小时，天然气使用人口达到 3000 万。

第三节 战略重点

一、中部地区战略重点

（一）节能减排提升能效，促进绿色发展

我们要深刻认识到我国人均资源禀赋的不足，石油、天然气等优质能源资源保有量有限，主体能源更替面临艰巨的挑战，以及环境问题由局部到整体、由城市到农村、由单因素到多类型日趋交织的复杂形势，应全面落实节能优先发展战略，加快推进能源生产和消费革命，实现绿色发展。

在节能方面，我们应该把节能提高能效作为培育新动能的重要着力点、把节能提高能效作为新型工业化和城镇化建设的重要前提、把节能提高能效作为满足能源需求增长的最优先来源、把节能提高能效作为破解生态环境瓶颈约束的源头措施和把节能提高能效作为加快温室气体减排的最有效途径。

为了更好地提效，我们应当把能耗总量和强度"双控"落到实处、加快推进生产方式绿色化、健全推动能源生产和消费革命的市场机制、推动能源生产和消费革命全面纳入法治化轨道和引导建立绿色低碳的消费模式。

（二）发展多能互补技术，促进清洁能源消纳

（1）低碳分布式能源技术创新。加大储能技术创新，以微网+大电网运营模式，优先推动低碳分布式能源在生活建筑领域的推广。以《国务院关于深入推进新型城镇化建设的若干意见》（国发〔2016〕8 号）、《国务院关于促进节约集约用地的通知》（国发〔2008〕3 号）、《安徽省新型城镇化发展规划（2016—2025 年）》和安徽省出台的《关于加强农村宅基地管理工作的通知》中的"十六条规范"为契机，推动太阳能、风能、生物质能和地热能在安徽省新型城镇化与新农村建筑住宅中的应用。

（2）交通运输节能技术。突破新能源汽车核心技术，发展节能汽车技术；研发和推广交通与互联网融合技术，利用交通大数据，发展城市智能交通管理技术、车联网等交通控制网技术。

（三）加强能源省际合作，确保能源外部供应安全

中部地区能源对外依存度逐年提高，中部地区煤炭供给能力极为有限，依赖外煤的局面将长期存在。因此，需要加强能源省际合作，确保能源外部供应安全。

二、湖南省战略重点

（一）节能减排提升能效，促进绿色发展

当前，湖南省已进入能源转型的关键阶段，亟待开创能源生产和消费革命崭新道路。

要把节能提效作为培育新动能的重要着力点。大力推进能源领域创新驱动，一方面培育了新产业，另一方面也促进了传统产业提升质量和效益，为传统产业转型升级和推进绿色制造带来新机遇。

把节能提效作为新型工业化和城镇化建设的重要前提。积极发挥节能的绿色标尺作用，加快促进工业转型升级。推动我国经济发展由“规模红利”向“效率红利”转变，为经济社会繁荣发展奠定高效基础。

把节能提效作为满足能源需求增长的最优先来源。未来相当长一段时间内，我国能源消费需求将呈刚性增长态势，要通过深入挖掘行业内部、跨行业之间的降耗潜力，把节能作为满足我国能源需求增长的最优先来源。

把节能提效作为破解生态环境瓶颈约束的源头措施。在经济、社会持续发展、能源需求不断上升的形势下，必须重塑能源生产消费方式，大幅提高能效水平，才能从根本上实现经济发展与生态环境保护的“双赢”。

把节能提效作为加快温室气体减排的最有效途径。与末端治理和发展替代能源相比，节能提效不仅是排放增长的“减压阀”，而且能够带来污染物和温室气体减排的协同效应，是经济有效的措施。

党的十八大以来，我国做出加快生态文明建设重大战略部署，持续推动能源生产和消费革命，实现单位国内生产总值能耗累计下降 14.6%，节能提高能效取得举世瞩目的成就，是同时期全世界节能贡献最大的国家。为紧跟国家步伐，湖南省加强节能降耗工作，坚定不移地推进供给侧结构性改革，能耗强度持续下降。2013～2016 年，全省单位地区生产总值能耗累计下降 21.3%，平均降幅达 5.8%，仅以年均 2.7%的能耗增长支撑了 9.0%的地区生产总值年均增速，能耗强度累计下降 21.3%。

（二）发展多能互补技术，促进清洁能源消纳

湖南省一次能源匮乏，煤炭资源少、石油资源无、天然气资源缺乏、水力资源接近开发极限，页岩气等新兴能源储量较多。

就湖南省情况来看，其发展核电具有水资源较为丰富、铀矿资源较多、核工业基础良好等优势。桃花江、小墨山两座核电厂址已列入国家核电中长期发展规划。湖南省核电项目最终能否落地，主要取决于未来核电安全技术的发展和国家核电发展战略。

湖南省风能资源以山区风能为主，可开发风能资源量约 2000 万千瓦，但风能密度不高，按照国家风资源分类属于第四类风资源区。全省经济可开发的风资源主要集中在湘西南、湘东、湘南地区。至 2018 年，全省风电并网规模达到 348 万千瓦，占总装机比重达到 9.7%，全年累计发电 60.4 亿千瓦 · 时，同比增长 21.09%，近 5 年来风电装机和发电呈稳步高速增长。

湖南省太阳能资源居全国中下水平，属于第三类资源区。年日照时数为 1300～1800 小时，太阳能总辐射强度在省内分布以湘东北、洞庭湖区较高，湘西地区偏少。至 2018 年，湖南省光伏装机达到 292 万千瓦，容量 126 万千瓦，光伏发电仍处于快速增长阶段。光伏项目仍然处于政策支持下，保持一定发展规模，以实现显著降低成本的阶段。

美国、日本等发达国家都已实现了从煤炭到石油的过渡，正朝着更清洁高效、低碳甚至无碳的能源发展，如风能、太阳能等。湖南省能源消费煤炭占比仍然较高，绿色清洁能源占比偏低，能源消费结构还有较大的优化空间。煤炭消费占比从 2003 年的高峰值（76.7%）逐年下降，稍低于全国平均水平。天然气作为清洁而经济的能源，占比仍然偏低，低于全国平均水平和周边相关省份。因此，湖南省应积极开展清洁能源开发，实施多能互补。

（三）注重可持续发展，实施低碳能源发展战略

能源清洁低碳发展是全球能源发展的大势，世界各国纷纷提出更高的能效目标，制定更加积极的低碳政策，加大温室气体减排力度，推动经济绿色低碳转型。可以看到，随着湖南省能源总量不断增加，单位地区生产总值能耗从 1980 年的 2.29 吨标准煤/万元，下降至 2017 年的 0.48 吨标准煤/万元，整体处于下降态势，能耗水平得到了有效的控制。

（四）加强能源省际合作，确保能源外部供应安全

湖南省能源对外依存度逐年提高，煤炭供给能力极为有限，依赖外煤入湘的局面将长期存在。煤炭资源储量居全国第 18 位，全省煤炭人均可采储量仅为全国平均水平的 28.8%，人均保有量不足全国平均水平的 1/6。“十三五”初期，全省保有煤炭资源储量 32.8 亿吨，其中，矿井已利用约 13.0 亿吨，尚未利用的为 19.8 亿吨。湖南省无石油探明储量，石油资源均需从省外调入，且湖南省地处中部，与我国主要石油产区距离较远，造成了省内缺油且受外部市场供需关系影响大的

特点。目前，湖南省内基本不具备天然气供应能力，天然气的需求仍处于受限状态，随着国家干线以及省内管道建设，完善城市配网，打通天然气利用的“最后一公里”，省内天然气供应利用将得到爆发式增长。湖南省水力资源比较丰富，全省水能蕴藏量为 1570 万千瓦，占全国水能蕴藏量的 2.3%，主要分布在湘南、湘西，如怀化市、湘西自治州、郴州市、永州市、邵阳市等地。现有水电已开发利用量已经超过经济可开发量的 95%，继续开发的潜力已经不大。因此，需要加强能源省际合作，确保能源外部供应安全。

三、湖北省战略重点

（一）推动能源生产革命，打造多元化能源供应体系

一次能源方面，引入省外优质煤炭，保障省内煤炭的长期稳定供应：全面落实国家大气污染防治行动计划确定的目标和标准，推进油品升级改造：构建多元化气源供应格局，提高天然气资源供应保障能力。电力方面，科学有序地发展清洁火电，统筹推进水电保护性开发，积极推进光伏、风电、生物质、地热能等非可再生能源发展，做好核电场址保护工作。

（二）推动能源通道建设，构建高效能源流通体系

建设湖北省煤炭物流储配基地，打造煤炭储备、物流配送、加工增值和区域交易中心；加强油气基础设施建设，充分发挥湖北省的油气网络重要中心节点作用，保障油气输送的畅通和安全；建设国内领先的氢能产业园基地，逐步形成氢能燃料电池的大规模示范应用；充分发挥湖北省在全国电网中的枢纽地位，建设能适应省内、省际、区域、全国联网各等级电网发展的现代化电网。

（三）推动能源消费革命，积极提倡科学合理用能

彻底改变工业部门以煤为主的能源消费结构，形成煤、油、电“三分天下”的消费格局；交通用能转向多元化、清洁化、电气化，实现交通发展与能源需求、交通用能与油品、交通发展与碳排放“三个脱钩”；提高建筑用能电气化水平，有效减少建筑终端污染物和二氧化碳的排放。

（四）推动能源技术革命，促进能源产业升级

工业将完成由低到高、由粗到精、由量到质的蜕变，资源能源利用效率将得以提升，实现能耗与增加值的脱钩，将以更少、更清洁的能源，创造更多、更优质的经济产出；在产业转型、能效大幅提升、能源结构优化以及强化末端治理的驱动下，工业部门排放的污染物和温室气体将得到有效控制。

（五）推动能源体制革命，完善能源市场体系

有序推进湖北省电力、石油、天然气体制改革，激发湖北省能源市场活力。

四、河南省战略重点

河南省重点解决能源发展不平衡、不充分、不协调问题，构建清洁低碳、安全高效的现代能源体系，推动能源质量变革、效率变革、动力变革，让中原更加出彩。具体来说，河南省能源革命包括内部能源清洁高效利用和外部能源大量引入两大部分。即内部的“再电气化+煤的清洁高效利用”，加上外部的“能源外引”（如2018年外引各种能源量占各自消费量的比例为电15%、气98%、油80%、煤60%）。

（一）总要求：构建可持续发展的绿色能源体系

（1）能源增量需求由清洁能源供给。发挥四大风电区域的潜力，依托产业集聚区、工业园区，建设相对独立、自我平衡的分布式个体能源（光伏）体系。建立清洁能源完全成本核算机制，将化石能源的环境成本纳入核算体系，充分体现清洁能源的生态和环境效益。多渠道保证天然气供给，加大外引电力量。

（2）提高电能在终端能源消费中的比重。目前，河南省已经实现电力生产行业的超低排放（即煤电生产实现了气电排放标准），70%的煤电机组完成了节能升级；因此，增加煤电、扩大电力使用领域是优化能源结构、推动绿色发展的主要途径。提高城乡电气化水平，电代煤、电代油，配套电网、电锅炉、充电桩建设等工程建设，有利于降低或者根除农村散煤的使用，是控制环境污染的有力措施。同时，推动电气化与信息化深度融合，依托“互联网+”智慧能源项目，实现电力多源互补，提升终端能源消费电气化、智能化水平。

（二）构建清洁高效的能源生产体系

根据能源禀赋条件，河南省以煤炭为主体的能源生产结构短期内难以改变。因此，推进煤炭的清洁生产、淘汰落后产能和推动行业转型升级相结合，是建设现代能源生产体系的关键。煤炭绿色和减量生产是指：有计划地开采煤炭，在粉尘治理的基础上进行煤炭开发利用，加强洗选加工。煤炭清洁利用包括：全面禁止直接燃烧，实施民用散煤（洗选煤）替代；降低煤炭终端分散利用比例，推动集中利用和管理。

提升油品炼制能力，早日建成日照—濮阳—洛阳原油管道和洛阳炼油厂1800万吨/年扩能项目；加强豫西、豫北页岩气开发研究，加快煤层气抽采利用。

增加省内电煤比例，快速推进煤电机组节能减排升级改造，建设全国最清洁的煤电体系。

（三）构建节约低碳的能源消费体系

目前，河南省能源消费刚性需求大、经济层次低、能耗强度高。因此，产业结构调整与能源结构优化应该互驱共进，抑制不合理的能源消费，推动能源消费迈入绿色高效的中高级形态。这是提升能源效率、促进能源消费低碳转型的根本途径。

强化能源消费总量和能源强度“双控”约束，科学分解到各地，形成经济转型的倒逼机制，即推动经济增长动力由传统工业向三次产业协调转型，淘汰落后产能，限制高耗能、高排放、高污染产业。

实施差别化总量管理，针对大气污染重点防控和能源消费强度大的地区，实施煤炭消费减量替代。

构建用能权制度，启动碳排放交易市场。

（四）构建智慧可靠的能源供应体系

在传统能源产量下降、供需缺口逐年上升的现状下，河南省应该充分借助区域优势（交通优势、地域优势），利用省内省外“两个市场、两种能源”，加快建设多品种、多方位、多渠道的能源外引通道。

加快“青电入豫”特高压交直流电力网络建设，增加1000万千瓦的外电输送容量；在已经投产的哈密—郑州800万千瓦外电输送容量的基础上，继续扩大区外风电、光伏等新能源电力入豫。

加快国家煤炭物流园区和矿区型储备中心建设，依托蒙华、龙海等输煤铁路，完善煤炭物流通道。

布局油品运输通道、提升引气能力。对接国家西气东输、北气南下、海气登陆战略，打造天然气入豫通道。

建设“互联网+”智慧能源（互联网+风电、水电、光伏），加强能源终端供应基础设施建设，解决能源供应“最后一公里”问题，即天然气网络、城乡配电网的“最后一公里”。

打造中部领先的智能配电网，为“互联网+”智慧能源奠定基础。建设分布式能源网络，鼓励分布式可再生能源与天然气协同发展新模式。

（五）构建赶超跨越的能源创新体系

技术创新是引领能源发展的第一动力，是破解能源发展瓶颈的途径；重点是能源技术创新、商业模式创新。

依托大数据技术、新能源、电力互联网、电力设备制造等良好基础，打造中部地区能源产业科技高地，培育能源产业弯道超车发展新动力，即从以煤炭为主的能源消费结构直接发展到以清洁能源为主的能源消费结构，不再经过石油阶段。

能源商业模式创新，应该优先农村能源革命试点和“互联网+”智慧能源示范，探索多能互补、城乡统筹的能源消费新模式。建设全省能源电子商务交易平台，实现能源自由交易和灵活补贴结算。

（六）构建竞争有序的能源市场体系

能源是商品，是经济发展的物质基础，应采用绿色证书、可再生能源配额、用能权、碳交易等手段，加快形成能源市场体系，建立市场决定价格的机制，推进能源企业市场化改革。

（七）构建服务导向的能源管理体系

构建服务导向的能源管理体系需转变政府职能，简政放权；突出能源战略制定、创新宏观调控机制、健全科学监管体系。具体包括以下几点。

（1）健全河南能源与国家能源、全省经济、城乡发展规划衔接协调机制，做好能源年度计划和规划对接。

（2）加强评估考核，确保完成规划提出的各项任务。

（3）推进相关法律、法规、规章、标准的制定和修改，减少政府对能源活动的行政管理。

（4）完善财政支持等激励政策，健全节能降耗、碳排放总量、可再生能源发展、煤炭减量等约束性指标统计、考核制度。

（5）建立能源负面清单、政府权力清单和责任清单，接受社会监督；坚持规划、政策、规则、监管“四位一体”，建立省级主管部门与国家监管部门上下联动的工作机制。

（6）建立能源领域信用体系，完善事中、事后监管机制，实行在线监管。完善社会救助、保障标准与物价上涨挂钩的联动机制，保障困难群众基本用能需求。

（八）构建农村清洁能源体系

河南是人口大省，常住人口和流动人口之和超过一亿人。2018 年，河南省的城镇化率刚刚超过了 50%，还有将近 5000 万人生活在农村。因此，农村能源革命显得非常重要。

（1）紧密跟踪兰考县能源革命的成功经验，在条件相似的其他地方随时开展能源革命，边开展、边检验、边修正。

（2）尽量创造条件，提高河南省的城镇率。相对于农村，城镇便于集中统一管理，是减少农村能源消费和污染的主要快捷手段。

（3）构建“以电为中心”的农村能源利用体系，加强农村电网建设。挖掘做饭“煤改电”“柴改电”潜力，提高电气化水平；杜绝小工厂的燃煤锅炉，推广工业电锅炉；农业生产领域全部电气化，“井井通电”，淘汰农用柴油机。

（4）对于暂时无法通电的偏远山区，推广应用清洁煤炭和炉具，避免散煤使用。在暂不具备集中供热、电代煤、气代煤取暖条件的农村，实施洁净型煤替代散煤燃烧取暖。对于有条件开展光伏、风能的农村，要大力支持和扶持。

五、安徽省战略重点

能源革命的核心是清洁低碳高效能源的供给，其中能源技术创新最为关键。结合煤系资源丰富、可再生能源发展滞后和作为新能源枢纽的省情基础，安徽省能源革命应将煤系资源的安全开采、高效转化，太阳能、风能、生物能和地热能等非化石能源技术推广，储能技术和智能电网方面的技术创新以及注重核能安全技术创新作为重点。

（一）加大煤系资源开采转化技术研发，实现清洁利用

1）煤系资源安全开发技术

安徽省两淮地区具有丰富的煤层次资源，最新估算结果表明2000米以浅资源量为515.55亿米^3，其中淮南煤田为361.41亿米^3，淮北煤田（除濉萧矿区）为154.1亿米^3。但是绿色煤炭资源不足，且煤炭资源埋藏深、地质复杂、煤系共伴生矿产资源丰富、开采难度大。因此，在现有技术工艺条件下，直接从地面开采煤层气技术不可行，且缺乏风险投资渠道，难以形成规模。应再创新煤炭高效建井综合开采等关键技术，煤炭无人和无害化等智能开采、充填开采、保水开采以及无煤柱自成巷开采技术，开展矿井低浓度瓦斯采集、提纯、利用技术攻关。

2）煤炭清洁利用方式和技术创新

安徽省煤炭资源转化方式和利用效率不高，应加大创新超高效火电技术，超清洁污染控制技术，低能耗碳减排和硫捕集、封存、利用技术，整体煤气化联合循环发电技术等，做好节水环保高转化率煤化工技术示范。

（二）注重核能安全技术，重视重大技术创新

核能是目前国际上最清洁、安全、经济、高效的能源。可控核聚变技术，可为人类提供清洁、安全而且原料取之不尽的能源，是人类最终解决能源问题的希望。安徽省拥有大型超托卡马克装置——中国的EAST，集中攻关可控热核聚变试验装置，力争在可控热核聚变实验室技术上取得重大突破。

六、江西省战略重点

（一）多轮驱动、多能互补，着力提高能源供给能力

（1）强化能源基础设施建设。保障电力充足安全地供应，提高石油、天然气

供应安全及运输效率，推动成品油和天然气管网建设，提高电网综合利用效率。进一步完善石油、天然气储备体系，提高应急保障能力。

（2）优化能源开发利用格局。加快发展可再生能源资源开发利用，以光电建筑一体化、渔光农光互补等综合利用电站为重点发展光伏发电，以高山风场为重点发展风电，稳步推进赣江等主要流域水电项目建设。贯彻落实国家煤炭行业化解过剩产能相关政策。

（3）加大能源资源勘探力度。巩固能源供应基础，优化煤炭、水电、铀矿、地热等能源资源勘探开发。培育新的能源供应增长极，加大页岩油气等非常规油气资源的调查评价，寻找可供进一步勘探开发的页岩气区块。争取把修水—武宁页岩气资源富集区列入国家页岩气勘查开发重点示范实验区。部署实施全省干热岩资源潜力调查评价，积极开展干热岩勘查与开发利用技术研究。探索丰城—樟树—新余地区煤层气—致密砂岩气—页岩气勘查开发试点。

（4）实施能源民生工程。加强配电网建设，加快实施中心村电网改造、“井井通电”、村村通动力电等农村电网改造升级工程，逐年提高乡村配电网供电能力和质量。加快居民小区和公共服务领域等充电基础设施建设。扩大天然气供应覆盖面积，增大居民生活用气规模，推进农村大型沼气工程建设。

（二）节约优先、绿色低碳，着力转变能源消费模式

（1）严格控制能源消费总量。研究建立控制目标分解落实机制，保障合理用能，鼓励节约用能，限制过度用能，以尽可能少的能源消耗支撑经济、社会，又好又快地发展。

（2）加强重点领域节能。重点加强钢铁、有色金属、石油化工等工业节能，开发和推广应用先进、高效的能源节约和替代技术、综合利用技术及新能源和可再生能源利用技术。推广高效、清洁发电技术，推动有条件的煤电机组开展供热改造，促进集中供热，出台煤电行业超低排放和节能改造实施方案。加强建筑节能管理，促进绿色建筑发展，增加太阳能等可再生能源在建筑用能中的比重。推进交通节能，加快发展水路、轨道和管道运输，大力发展公共交通，推广节能和新能源交通工具。

（3）推进终端用能清洁替代。加强散煤治理，推广清洁型煤替代。创新用能模式，推行“以电代煤”“以电代油”“以气代煤”“以气代油”。实施电能替代工程，基本完成典型区域、典型行业电能替代示范项目建设，全面完成列入计划的燃煤（油、柴）锅炉改造任务，逐步淘汰公共事业单位小型燃煤（油、柴）锅炉，加快推进“无烟”风景区建设，提高电能占终端能源消费的比重。积极推进电动汽车充电基础设施建设，形成布局合理、科学高效的充电基础设施体系。合理布局天然气销售网络和服务设施，以民用、交通、工业和发电等领域为重点，

扩大天然气消费规模。促进农村地区可再生能源利用，减少煤炭消费。

（4）推动全社会用能方式变革。积极响应能源消费革命战略，建设全国生态文明示范省，贯彻落实《中华人民共和国大气污染防治法》和《大气污染防治行动计划》，实施标准化、精益化、实用化、智能化的城镇配电网建设方案，积极创建美丽乡村示范点、绿色清洁能源示范县和新能源示范城市。提倡绿色生活方式，引导全社会科学用能。

（三）市场导向、放管结合，着力改革能源体制机制

（1）积极推进能源市场化改革。以建立法制健全、统一开放、竞争有序的现代能源市场体系为导向，贯彻落实供给侧结构性改革要求，稳步推进能源体制改革，重点深化电力、油气等领域改革。搭建统一开放、功能完善、运行规范的省级电力交易平台，逐步深化交易机构相对独立的改革，积极培育售电公司，完善电力市场化交易机制。按照国家要求推进可再生能源配额制建设，配合国家完成全国碳排放权交易市场建设的各项前期工作和任务。

（2）稳步实施能源价格改革。逐步理顺天然气、电力等能源价格形成机制。探索建立完整的环保电价体系，积极推行对产能过剩行业用电实行差别电价政策，发挥价格杠杆的激励和约束作用。按照“准许成本加合理收益”原则推进输配电价改革，逐步实现分电压等级核定输配电价，有序放开输配以外竞争性环节电价。

（3）创新完善能源行业管理。落实简政放权、放管结合、优化服务政策，加快政府职能转变。加强规划管理，创新能源项目管理机制。完善能源应急和需求侧管理，提高能源保障能力。推进能源信息平台建设和能源预测预警工作，提高能源数据统计分析和决策支持能力。建设能源专家队伍，开展典型课题和地方能源标准研究。健全能源法制，配合国家抓紧修订电力法律法规。

（四）安全通畅、适度超前，着力推动能源对外合作

（1）加强能源运输通道建设。加快形成煤炭快捷运输入赣通道，重点推进蒙西—华中煤运通道建设。推进樟树—株洲跨省输油管道和西气东输三线、新疆煤制气外输管道工程建设。加强与富能省份的能源合作，积极推进白鹤滩—江西等电力通道建设。

（2）扩大能源对外合作。抓住“一带一路”倡议这一机遇，提高利用“两个市场、两种资源”的能力，进一步深化煤炭、油气、电力等领域的对外合作。积极引入国内外先进企业参与江西省能源建设，探索省内能源企业对外合作模式，鼓励省内能源装备制造、设计建造施工、服务贸易等企业到省外发展。

（五）灵活互动、清洁高效，着力构建智慧能源体系

（1）建设安全、智能、高效的现代电力系统。提高电网调峰和可再生能源消纳能力，推进江西省抽水蓄能电站项目建设，推动储能技术突破和规模化应用。增强需求侧响应能力，推动电力需求侧管理城市综合试点，加强“能效电厂”示范推广，加快提升电网智能化水平。

（2）打造安全高效、集中可控的天然气供应系统。加快推动省级和城市储气设施建设，提升天然气应急调峰能力。建立完善的天然气运行监控体系，增强天然气预测预警和应急响应能力。提高用气量预测水平，强化需求侧管理，增强峰谷时段应对处置能力。

（3）构建集成互补、梯级利用的终端供能系统。加强终端供能系统统筹规划和一体化建设，因地制宜地实施传统能源与风能、太阳能、地热能、生物质能等能源的协同开发利用，优化布局电力、热力、供冷、燃气等基础设施。鼓励在新城镇、新产业园区、新建大型公用设施（机场、车站、医院、学校等）和商务区等新增用能区域，以分布式能源、智能微网、电动汽车充电设施、资源回收和综合利用为重点，建设终端一体化集成供能系统，实现多能互补和协同供应。

第四节 实 施 路 径

一、中部地区实施路径

（一）推动能源绿色低碳发展，促进美丽中部地区建设

（1）持续壮大清洁能源产业，扩大天然气利用。多方开拓气源，加快推进省内管道支干线建设，积极破解天然气供应不足和储运瓶颈。大力发展天然气分布式能源和天然气调峰电站，推广天然气大用户直供，减少工业用户和民用用户在输配价格和终端气价上的交叉补贴，降低天然气综合使用成本；加快开发太阳能。发展分布式光伏发电，以湘北、湘南等太阳能资源相对丰富地区为重点，因地制宜地建设地面电站，鼓励推广户用型光伏应用。继续推行普通光伏电站竞争性配置，充分发挥市场机制作用，推动降低光伏发电成本；积极发展水电。充分挖掘水电潜能，积极提高水能利用效率；稳妥有序地发展生物质等新能源。坚持布局科学合理、完善前期工作、加强舆论引导、强化环保信息公开和公众参与等原则，稳妥有序地推进垃圾焚烧发电等生物质项目前期工作。积极推进水（地）源热泵技术工程应用，探索推进城镇生活垃圾、农村林业废弃物、工业有机废水等城乡废弃物能源化利用；严格风电发展。突出生态优先，统筹生态建设和经济发展，从严核准风电项目，实行严格的核准、环评、林业制度，确保所有风电项目符合

生态环保的有关规定。出台规范管理文件，强化施工监管，建立“黑名单”制度，督促项目落实环保、水保措施，做好植被恢复工作。

（2）加快传统能源清洁高效开发利用，推进煤炭绿色高效开发利用。严格执行环保标准，因地制宜推广保水开采、煤与瓦斯共采等绿色开采技术，大力发展煤炭洗选加工。继续争取在中央预算内投资支持煤矿安全改造，全面完成具备条件的煤电机组超低排放节能改造任务；持续推进油品质量升级。提高交通运输燃料中非化石能源的比重，开展成品油质量升级专项监督检查，保障清洁油品市场供应。

（3）推动能源绿色消费，大力推进能源资源节约利用。实施能源消费总量和强度“双控”，抑制不合理能源消费，降低单位地区生产总值能耗。推进能源资源节约和循环利用，推广先进节能技术装备，提高能源转化利用效率，促进能源行业节能和能效水平提升。倡导绿色生活方式，从源头减少不合理的能源消费，使节约用能成为全社会的自觉行动；提升终端能源消费清洁化水平。实施煤炭终端消费减量替代，加快实施“以气代煤”“以电代煤”“以电代油”工程，推进钢铁、化工等高耗能产业节能减排改造，促进燃煤锅炉全面淘汰退出，推广电锅炉、电窑炉等新型用能方式。大力发展城际客车、重型卡车和轮船等天然气交通，推广电动汽车应用。加快建设电动汽车充电设施，大力发展港口岸电、机场桥电系统。鼓励在产业园区、大型商业区、高校园区建设天然气分布式能源项目，发展冷热电三联供等用能新模式。

（二）深化供给侧结构性改革，提高发展质量和效率

（1）稳妥化解产能过剩，继续化解煤炭过剩产能。按照国家要求，对不安全的落后产能坚持应关尽关、应退尽退。加强化解产能与保障供应的统筹，抓好省内部分优质煤矿提质改造升级；用好用足国家产能置换指标交易政策，将煤炭供应同指标置换同步考虑；引导省内电厂、钢铁等重点用煤企业积极主动与北方煤炭生产企业抓好资源合同计划的衔接落实，多签订中长期合同，提高合同兑现率；争取国家支持，协调铁路、公路、航运等部门，保障煤炭调入运力；科学合理地把握煤电建设节奏。认真落实国家关于煤电规划建设和有序发展的相关要求，针对中部地区枯水期长、支撑煤电薄弱、电力保供缺口大的现实情况，充分利用我省煤电发展绿色窗口期优势，合理加快建设清洁高效大型支撑煤电。

（2）夯实能源供应基础，进一步完善电网结构。继续优化省内 500 千伏主网架布局和结构，研究推进湖南电网与华中电网联络，加强华中各省间电网互济能力。推进配电网建设改造和智能电网建设，提高电网运行效率和安全可靠性；加快能源外输通道建设，加快压缩天然气、液化天然气加气站规划布局和统筹建设。

（3）优化能源系统结构，着力做好清洁能源消纳。完善可再生能源开发利用目标监测评价制度，推动实行可再生能源电力配额制，落实可再生能源优先发电制度，推进可再生能源电力参与市场化交易，建立可再生能源电力消纳激励机制。优化可再生能源电力发展布局，优化电网调度运行，提升可再生能源电力输送水平。加强电力系统调峰能力建设，继续实施煤电机组调峰灵活性改造，加快抽水蓄能电站建设，推进先进储能技术应用。研究制定提升电力系统调节能力的实施方案，建立健全辅助服务市场机制，切实提高电力系统调峰和消纳清洁能源的能力；着力增强能源储备应急能力。建立完善能源监测预警机制，对天然气供需、用电负荷、电煤库存、主要水库水位等重点指标进行重点监测预警，制定完善能源保供预案。加快储气调峰设施建设，按照满足高峰期三天供应能力的要求，抓紧在各市、县布局建设城市储气设施，提高管网灵活调配能力。做好煤炭、电力供应保障，切实保障铁路运力，引进外省具备调节性能的优质电力，合理协调安排送电时序。

（三）实施创新驱动战略，推动能源发展动力变革

（1）加快重点技术与装备创新。推动能源装备创新发展，落实中部地区《能源装备制造业中长期发展规划》《关于推进“互联网+”智慧能源发展的指导意见》要求，围绕风电、储能、输配电、新能源汽车等重点领域，加大关键技术自主创新力度，鼓励应用技术产业化推广。充分发挥国家和省级技术创新平台作用，进一步完善能源科技创新体系，建立协同创新机制。加强能源技术标准体系建设，积极推进国家“互联网+”智慧能源示范项目。

（2）深化能源体制改革，深入推进电力体制改革。全面贯彻实施全省电力体制改革“1+6”改革方案，加快推进第一批增量配电试点项目建设，完成第二、三批增量试点项目业主选定。抓紧筹建电力市场管理委员会，推动电力交易机构股份制改造，完善电力交易规则。深化电力市场交易机制研究，协调推进电力市场交易；积极推进油气体制改革。贯彻落实《关于深化石油天然气体制改革的若干意见》，研究出台中部地区油气体制改革方案和配套政策。重点推进天然气大用户直供和天然气管网项目建设改革，加快建设湖南石油天然气交易中心，推动天然气价格市场化。完善分布式能源并网政策，鼓励天然气分布式能源项目建设；进一步推进“放管服”改革。继续取消下放行政审批事项，深化能源行业投融资体制改革，实行企业投资能源项目管理负面清单制度。创新能源投资项目核准方式，探索以招投标等竞争性方式确立项目业主。开展行政许可标准化建设，规范权力运行。

（3）培育能源发展新动能。积极发展新兴能源产业，推动能源生产消费新模式、新业态发展壮大，实施能源系统人工智能、大数据应用等创新行动，推广智

能化生产、储运和用能设施。鼓励建设以智能终端和能源灵活交易为主要特征的智能家居、智能楼宇、智能小区和智能工厂。普及智能化用能监测和诊断技术，加快工业企业能源管理中心建设，搭建基于互联网的信息化服务平台。积极推广能源互联网、多能互补集成优化、新能源微电网等项目建设。

（四）推动能源体制革命，清除市场壁垒，优化能源配置

中部地区能源体制脱胎于计划经济体制，国有经济比重较高，市场形成条块分割、行业分割等壁垒较为严重。能源体制革命的目标是清除市场壁垒，优化能源配置，推进能源行业供给侧结构性改革，为中部地区高质量崛起提供高品质能源供给提供制度保障。因此，中部地区能源体制改革包括以下方面。

（1）能源进入体制革命，能源行业属于资本密集型行业，而且技术门槛较高，民营企业实力不强，入行的风险较大。行业资源大多掌握在国有企业手中，融资比较难，竞争力不足。例如，煤炭开采属于边际成本递增产业，宜于集中，产业集中度越高，规模效应越大，但是电力属于边际成本递减产业，竞争有利于提高产业活力，促进技术进步。当前，能源领域中的传统能源与可再生能源的争夺存在体制性障碍，政府需要改革，为民营企业和国有企业创造公平竞争的平台。

（2）能源技术创新体制革命，应结合安徽省构建多能供给体系的技术需求，统筹兼顾，坚持以企业为主体、以项目为载体、以重大项目攻关为重点，政产学研相结合，自主创新和引进消化吸收再创新相结合的指导方针，共同推动能源技术进步。

（3）能源合作体制革命，要打破地区封锁、行业垄断，实现多能融合。为由传统能源系统自上而下的资源配置构架向集中与分散相协调的模式转变提供体制保障。

（4）能源消费体制革命，理顺内外部价格机制和市场机制。还原能源商品属性，构建有效竞争的市场结构和市场体系，形成主要由市场决定能源价格的机制，转变政府对能源的监管方式，建立健全能源法治体系。

（五）外引内产，多能融合，满足地区能源需求

（1）煤炭能源的合作：中部地区绿色煤炭资源少，在煤炭总产能减少的趋势下，中部地区煤炭需要走合作之路，可加大对区外和国外优质煤炭资源的引进。

（2）天然气合作：做好“外引内产”，“外引”就是做好西气东输、川气东送、海气登陆等气源。“内产”就是中部地区煤系天然气储量丰富，应加强煤层气的抽采利用，推进煤制气示范项目和页岩气勘探开发，促进天然气多元供应。

（3）电力合作：做好“区外来电”“微网”与电网的电力融合，提升电网对“区外来电”、可再生能源的消纳。

二、湖南省实施路径

（一）坚持生态优先，走绿色环保之路

走绿色发展之路，必须积极构建绿色产业体系。湖南省缺煤、无油、少气，电煤超 80%靠外省输入，而水电已开发 95%以上，不具备继续开发潜力；风电、光伏发电属于间歇式能源，不能提供连续可靠的电力保障，而且其开发技术成本高、利用周期长、规模集中开发量小，大幅度提高新能源、可再生能源利用的比重仍需一个较长的过程。湖南省在产业升级和产业革命方向上都应向绿色转型，率先在产业链构建与衔接上占据绿色低碳循环发展的优势，实现从生产到消费端的绿色循环。当前，还应积极探索构建具有区域特色的绿色低碳经济体系和消费模式，淘汰落后产能，降低高碳产业比重，大力发展现代农业、清洁能源、电子信息等低碳产业，建设以低碳排放为特征的工业、建筑和交通体系，持续扩大绿色植被，不断激发环境治理内在活力，努力把生产方式、生活方式绿色化推向一个大的台阶。

（二）坚持综合利用，走产业延伸之路

促进多种新能源的规模化利用，多种能源的源、网、荷、储深度融合，紧密互动是未来能量系统发展的必然趋势。湖南省应加强并网配套工程建设，有效发展风电，积极发展太阳能、生物质能等其他新能源，并解决其消纳难题。各类可再生能源与抽水蓄能水电站进行协调，平抑新能源输出的波动性。优先发展多种能源结合的综合能源系统，加强能源之间的转换，提高能源的利用效率。

（三）坚持多元发展，走低碳发展之路

分布式能源是分散在用户端的供能系统，和传统集中式发电形式相比，分布式能源具有分散接入、规模小、独立灵活、因地制宜、按需供应的特点，是对传统能源利用形式的一次彻底革命。和传统集中式能源供应系统相比，分布式能源具有能效高、占地少、简单灵活、造价少、费用低以及稳定可靠等优势，湖南省未来发展分布式能源可以根据用户的类型及负荷需求，综合考虑系统技术和经济性要求，将分布式能源系统建设成区域能源站或者楼宇式能源站。湖南省未来需要构建多种能源高效利用和多元负荷主体深度参与的共享网络，形成“点（用能管理）、线（运行管理）、面（能量管理）”三维一体的清洁能源消纳网络；同时，湖南省应注重互联网发展，以此为能源行业信息化提升提供技术支撑。关注既有技术储备和对先进能源互联网技术（分布式能源、新能源消

纳等）的研究和应用，通过发展云计算、大数据等技术显著提升能源行业各个环节的效率，降低系统成本，并为供需双方互联互通、信息精准匹配打下基础；开发新一代能源管理系统的具体装备（电力设备、能源路由器等），实现能源的高效传输、低损耗转换、高度自由路由，推进区域性示范项目和储能技术项目落地。通过这些装置，实现能源的远距离、高功率、低损耗传输和调配，完成不同地区上传能源的全网优化分配。

三、湖北省实施路径

（一）工业

（1）结构平衡和突出优势战略。产业结构优化升级和突出湖北省的优势产业不仅是提高工业部门能源生产力的根本途径，也是节约资源成本，探索出一条速度与质量、规模与效益兼顾的新型工业化道路的首要任务。

（2）集约和循环绿色发展战略。集约和循环绿色发展战略是从源头减少工业部门能源消耗的重要手段，注重发展循环经济，实现资源的减量化、回收和再利用，同时以生命周期视角审视工业化、城镇化发展模式，实现集约、高效和可持续发展，并且开发应用源头减量、循环利用、再制造、零排放和产业链接技术。以工业园区、工业集聚区等为重点，通过上下游产业优化整合，实现土地集约利用、废物交换利用、能量梯级利用、废水循环利用和污染物集中处理，构筑链接循环的工业产业体系。

（3）能源效率提升战略。能源效率提升战略贯穿于工业部门发展的始终，在未来的很长一段时间内，工业仍会是湖北省国民经济的重要组成部分，高耗能产业仍将在经济社会活动中扮演重要的角色。因此，应尽快在重点耗能产业普及已成熟的能效技术，并且以试点形式逐步推广先进能效技术。围绕工业生产源头、过程和产品三个重点环节，实施工业能效提升计划，推动重点节能技术、设备和产品的推广和应用。鼓励工业企业建立能源管理体系，提高企业能源利用效率。制定主要耗能产品能耗限额和产品能效标准，严格控制能耗、物耗准入门槛。开展重点用能企业对标达标、能源审计和能源清洁度检测活动。健全节能市场化机制，加快推行合同能源管理和电力需求侧管理。

（二）交通

（1）政策方面，要加强政府部门的引导和监管职能，健全湖北省交通运输行业的能源利用、环境监测体系和能耗统计分析机制，加强对交通工具燃料消耗的监测与管理，构建交通运输行业的能源与环境统计数据库。同时，要完善交通运输发展战略规划政策体系，强化节能减排、环境保护等专项规划与政策。

（2）运输结构方面，要建立以低碳为特征的交通发展模式，重点对公路货运部门的组织管理进行优化，提高公路货运车辆的能源利用率和柴油在车用燃油消耗中的比重，加大高耗油老旧运输车辆的淘汰力度。对于城市客运部门，大力发展公共客运服务体系，建立以公共交通为主的绿色出行系统，推行公交优先战略，降低出租汽车空驶率。此外，要通过提高税费、提高停车费、单双号车辆限行等手段限制小汽车的使用。

（3）技术方面，应借鉴国内外先进经验，提高湖北省的技术研发能力和组织管理水平，重在提升车船的能源利用率，以及节能环保型运载工具、替代燃料的技术研发，如压缩天然气车辆、混合动力车辆、纯电动车辆、先进柴油车辆等，减少车辆运行中的安全问题，降低车辆运行费用。

（4）环境方面，随着经济社会的发展、收入的增加，人们选择出行的方式会更多地考虑舒适性、旅行的时间等问题，相对来说选择民航运输和高铁运输的概率就会增加。由于民航运输的单位能耗相对来说是四种运输方式中最高的，所以加快高铁的建设，尽量增加铁路运输的周转量份额，首先可以相对减少能源消耗；其次，铁路运输一般是使用电能，在减少温室气体排放方面也有一定的优势。要完善行业环境保护法规和标准，实施严格的排放标准，控制和减少营运车辆、船舶的污染排放。

（三）建筑

（1）推进既有建筑节能改造。加强公共建筑节能监管体系建设，组织验收试点示范项目，进一步扩大省、市两级公共建筑能耗监测平台覆盖范围，将本地区重点用能建筑和政府办公建筑、大型公共建筑逐步纳入能耗监测平台，实施能耗在线监测，指导公共建筑按节能方式运行管理，促进公共建筑能耗持续降低。完善民用建筑能耗统计制度，组织开展能耗统计、能源审计工作，促进高能耗公共建筑实施节能改造。积极推动高校、医院、科研院所等重点公共建筑和公共机构率先开展节能改造或绿色改造示范。

（2）推进新建建筑能效提升。全省城镇新建公共建筑全面执行国家《公共建筑节能设计标准》（GB 50189—2015），新建城镇居住建筑全面执行湖北省《低能耗居住建筑节能设计标准》（DB 42/T 559—2013）。建成一批基于整体解决方案的超低能耗或近零能耗建筑示范工程，形成示范效应。鼓励政府投资的公益性建筑、保障性住房率先执行更高水平的节能标准。对超高超限公共建筑项目，实行节能专项论证制度。鼓励新建高校、医院积极实施“绿色校园”“绿色医院”建设。

（3）推进农村地区建筑节能。积极推进节能农村居住建筑建设，支持在新型农村社区建设过程中执行节能标准。鼓励实施《农村居住建筑节能设计标准》

（DB 22/T 2038—2014），研究制定适合“荆楚派”风格的农村建筑设计、施工及验收评价标准，因地制宜制定工法、图集手册等，健全农村建筑节能标准体系，指导农村实施建筑节能。开展农村公益性建筑节能改造示范工作，结合农村医院、学校的危房改造，研究建立相关技术导则及评价标准。鼓励新能源、可再生能源在农村建筑中的应用，提升生物质能在农村建筑中的应用比例。

四、河南省实施路径

从河南省能源禀赋条件出发，在正确处理好煤炭、油气、电力、可再生能源发展面临的现实问题的基础上，构建清洁低碳、安全高效的能源体系。具体实施路径如下。

（一）持续推进煤炭安全、清洁、高效发展

河南省煤炭行业的总方针是“保障内部优质高效产能、加强外部输入增量”。加快建成蒙西—华中输煤铁路，利用蒙西—华中输煤铁路和瓦日铁路（山西瓦唐—山东日照），增加省外煤炭调入量；同时，依托国家“九纵六横”煤炭铁路运输通道，完善煤炭储运体系和区域性配送网络。

在煤炭减量替代、提高清洁高效利用水平方面，重点抓三个方面：①扩大实施水泥、玻璃等高载能非电行业“超低排放”改造，加快煤电企业“公改铁”、煤仓全封闭改造和管廊、皮带廊道输煤；②大力实施钢铁、水泥、电解铝、玻璃行业“超高能效”改造，降低产品能耗和煤炭消费总量；③建立健全煤电合作机制，促进煤炭市场平稳运行。

（二）加快完善油气基础设施和产业体系

推进省内油气基础设施建设，同步做好省内和跨省的油气管道保护工作。具体工作是：①加快推进洛阳石化 1800 万吨/年炼油改造项目一期工程，以及配套的日照—濮阳—洛阳原油管道建设；争取早日开工洛阳—新郑机场航煤管道（航空煤油管道）；②推进省内天然气互联互通管道工程，尽快实现县城天然气管道全覆盖，并向产业区、重点乡镇、农村新型社区延伸；③做好油气管道保护工作，健全管道完整性管理体系。

在天然气产、供、储、销体系建设方面，一是增强天然气资源供应保障，建设各种级别的输气管道。二是加快储气能力建设，在建成文 23 储气库的基础上，开工建设平顶山盐穴储气库；另外，建设郑州、洛阳、南阳、焦作、周口、驻马店六个液化天然气应急储备中心，开工建设滨海大型液化天然气储气罐。三是加强天然气需求侧管理，建立健全天然气分级调峰用户制度。

（三）推动电力行业转型升级

优化煤电结构，淘汰煤电落后产能，关停煤电落后机组，严控新增煤电产能。对排放达标的 30 万千瓦级煤电机组“关而不拆”，作为应急备用电源，承担可再生能源接入下的灵活调峰服务任务。

在保障电力供应方面，重点工作是：①提升外电入豫能力，加快青豫直流及驻马店特高压交流工程建设，构建华中“日”字形环网，形成“二交二直”落点，谋划第三回特高压入豫直流通道；②依托特高压交直流落点，建设 500 千伏通道，建成“鼎”字形目标网架，消除 220 千伏骨干电网薄弱环节，提升末端电网供电能力；③提升城乡配电网保障能力，解决农村电网发展不平衡问题。

提升终端电气化水平，提高电力在终端能源消费中所占比例。首先，以工业、交通、建筑等领域为重点，大力实施电能替代；其次，以大气污染传输通道城市为重点，加快冬季清洁取暖，推进热电联产项目建设。

培育壮大以电为中心的能源发展新模式：①加快能源大数据应用中心建设，实现全省能源运行监测分析、能源预测预警；②推进农村以电为中心的能源革命；③加快能源互联网建设，打造河南省坚强智能电网和泛在电力互联网，满足人民群众日益多样的能源服务需求。

（四）扩大可再生能源利用规模

对于风电，要持续建设平原风电和分散式风电，探索“会思考的风机”和无人风场；光伏风电方面，有序推广产业集聚区、工业园区屋顶分布式光伏建设；积极推进生物质热电联产清洁供暖项目，提高农村农林废弃物资源化利用量；稳妥推进郑州、濮阳等 11 地市地热供暖试点。

加强电网消纳能力建设，提升可再生能源利用水平：①提高电力调峰能力，加快南阳天池、洛阳洛宁抽水蓄能电站建设，开工建设信阳五岳抽水蓄能电站，推动平顶山花园沟抽水蓄能电站建设早日开工；②加强豫西、豫北输电通道建设，满足新能源集中地区外送需求；③鼓励开发分布式新能源，推进多能互补、就地消纳。

五、安徽省实施路径

从长远目标出发，安徽省能源革命推动高质量发展崛起，需要明确和坚持国家能源发展战略“四个革命，一个合作”的基本思路，从能源消费、生产、技术、体制和合作五个方面出发，结合安徽省的能源禀赋和区域能源需求特点，走适合地区能源革命发展之路，见图 4-1。

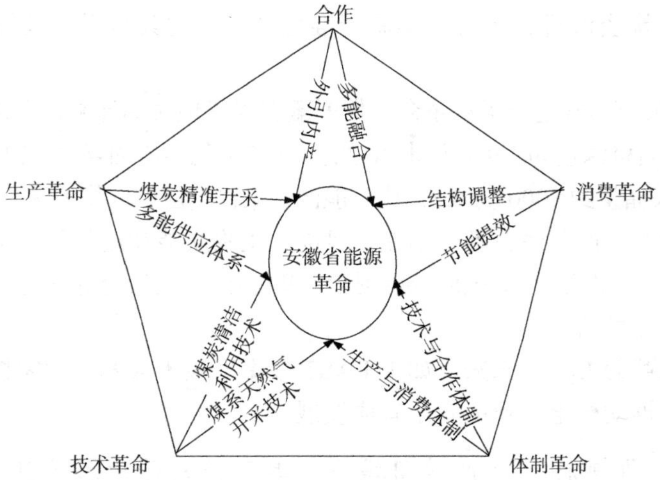

图 4-1　安徽省能源革命实现路径

（一）调整能源结构，提高能源效率，推进煤炭行业绿色转型

安徽省人均能源消费较低，随着经济发展和人民生活水平的提高，能源消费硬性需求较大。安徽省能源革命在保证地区能源需求安全的前提下，应着重从以下两个方面进行。

（1）能源结构，主要是煤炭占能源比重过大的问题。安徽省人均能源消费水平较低，能源消费总量增长不可避免。能源结构向绿色低碳转型是能源革命的核心，是能源供给侧结构性改革的方向。在能源消费结构方面，安徽省能源革命的路径是降低煤炭的消费比重，增加天然气和可再生能源的消费比重，实行“煤系天然气+可再生能源”的双替代模式。

（2）能源效率，在前面的分析中，虽然安徽省煤炭作为燃料，用以火力发电的转换效率持续提升，但是，煤炭总体的利用效率依然较低，煤炭火力发电的利用效率仅为煤化工产业的一半左右。为此，需要推进煤炭清洁化、高效利用，转变煤炭的利用方式，大力发展煤化工产业，将煤炭消费由燃料为主向燃料与原料并重转变，推进煤炭产业的绿色转型。

（二）建立绿色煤炭资源库，实行精准化开采，构建多元能源供应体系

能源生产革命包括化石能源生产革命和非化石能源生产革命。安徽省化石能源生产革命包括两个方面。

（1）煤炭生产减量革命。煤炭是安徽省能源革命的对象，但不是革煤炭产业的命，而是革煤炭作为能源的命。安徽省煤炭资源禀赋的特点，决定了安徽省煤炭开采难度大、成本高、生态环境破坏力强、市场竞争力不足。为此，安徽省

应该对绿色煤炭资源进行统筹，实施精准化开采，尤其是煤系天然气资源的精准开采。

（2）煤系天然气生产增量革命。据安徽省煤田地质局探测，两淮地区的煤系天然气预测地质资源量为1.9万亿米^3，约折合17.1亿吨原油当量（125亿桶原油当量），预测可采储量约3000亿米^3，化石能源开采供给应转向煤系天然气探测开采。

非化石能源生产革命包括太阳能、风能、生物质能和地热能等可再生能源生产和核能生产。可再生能源方面，继续推广和发展太阳能、水能（包括抽水蓄能）、生物质能等多能供给。

核能技术革命方面，未来，如果EAST核聚变技术成熟，国家核电产业政策明确，可考虑推动核电产业的安全有序发展。

（三）统筹兼顾，政产学研携手、共同推动能源技术进步

能源革命的根本是利用能源技术创新提高能源利用效率和减少污染排放。能源技术革命具有投入巨大、周期长和不确定的特性。安徽省能源技术革命不可能全面开花，而是应根据省情和今后一段时间的需要有重点地选择技术革命。安徽省能源革命的任务一是煤炭的清洁高效利用，二是构建多能供给体系。因此，能源技术革命的重点应是以下方面。

（1）大力发展煤炭精准开采技术。针对绿色煤炭资源量少、开采条件复杂、环境负外部性凸显、深部采矿理论发展滞后的状况，发展煤炭的精准开采技术，在煤层气抽采和煤与瓦斯共采（包括煤系天然气开采技术）关键技术方面进行技术攻关和创新、关闭/废弃矿井资源精准开发利用技术等。

（2）发展煤炭清洁利用技术。在煤炭清洁利用技术方面，煤炭作为能源具有先天不足，安徽省要发展煤化工产业进行技术加工，煤化工产业发展也是推进安徽省崛起的重要途径。

（3）攻克微网储能技术。安徽省需要大力发展光伏、风能和生物质能等可再生能源，但可再生能源具有不稳定性，难以形成持续的供给，在并网方面存在困难。为此，需要建立微网储能系统，储能技术上需要突破。

（4）核能安全开发利用技术。安徽省的东方超环核聚变技术在核能技术转化方面具有世界领先水平，但尚处于实验室阶段，目前产业化技术水平还未形成，需要加大技术攻关。

六、江西省实施路径

（一）建立产业集群发展模式，加大生物质能开发力度

新能源产业门类多，涉及面广，要从江西省的实际情况出发，在优化布局、

项目论证、技术选择中合理规划新能源产业发展蓝图，应结合区域资源、产业基础和融资环境充分考虑其密切关联产业。新能源产业满足产业集群发展条件，并且集群发展模式是新能源产业发展的必由之路，其中政府和市场的作用是推动集群演化的关键性力量。通过对江西省新能源产业进行细分可知，其产业发展排序先后应为：光伏产业、锂电产业、新能源汽车产业、生物质能产业、风电产业。通过分析，目前江西省太阳能装备制造业在新余、上饶、九江形成了较好的产业基础，因此，应重点发展该区域的光伏产业，锂电产业应选择赣州、新余和宜春地区。江西省气温有利于农作物生长，现有作物年可利用量约为1395万吨标准煤，可以提炼乙醇72.3万吨、生物柴油60万吨，因此应加大生物质能的应用开发。

（二）健全新能源产业投融资机制

新能源产业具有初始投资高、后期运行成本低的特点。江西省新能源产业正处于发展期，所需资金非常大，应健全新能源产业投融资机制，促进产业发展。一是政府应积极引导风险资金、私募基金投资新能源产业，并联合金融机构、江西省联合股权中心、担保机构共同设立江西省新能源产业发展基金，设立风险共担机制，撬动社会资本支持江西省新能源产业发展。二是建立政府和社会资本合作（public-private partnership，PPP）融资模式，采取市场引导、政府激励的方式，发挥市场配置资源的基础性作用，鼓励各类市场主体投资新能源产业，促进新能源产业发展。三是积极争取国际气候变化资金的支持。发达国家为落实《京都议定书》中的义务责任，建立了清洁发展机制（clean development mechanism，CDM），江西省应主动对接，争取该基金的支持。

（三）建立江西省碳排放交易市场

碳排放交易基于产权交易理论，弥补新能源产业的正外部性，用市场的方式淘汰高耗能、高污染产业，通过企业的“优胜劣汰”改变能源结构和生产资料，进行经济结构调整。按照国家部署，优化全国范围内的碳交易市场制度。江西省应积极参与碳排放交易市场的构建。一方面要充分利用市场机制，研究碳排放交易的定价机制，认识到碳排放交易对新能源产业的促进作用；另一方面利用碳资源进行融资，如采用发行企业债券、碳资产抵押、配额回购融资等方式来扩宽企业融资渠道。

（四）完善新能源产业发展政策

有研究表明，相对于经济增长和城市化对于能源消费的影响而言，技术进步对能源消费强度的影响要更加显著。所以在全面推进区域技术进步的同时，还应加大新能源技术研发补贴，特别是加大对国家级、省级新能源与可再生能源技术科研单位、企业和高等院校的研发投入，促进科技成果产业化，尽快形成具有自主研发、系统集成的技术支撑体系。开展自主创新和引进技术的消化吸收工作，建立财政和企业共同分担的技术创新投入机制；鼓励企业以技术研发中心为依托，联合科研单位和高等院校开展技术创新活动。同时，加大新能源技术推广应用补贴，用好用足国家可再生能源电价补贴、“金太阳”示范工程补贴、绿色能源示范县建设财政补助等政策。各地级市应出台支持可再生能源发展的地方规章和政策，在产业招商、行政审批、产业规划等方面要优先考虑，在用地、用电、基础设施建设等方面要优先安排，在财政补贴、税收支持、金融支持、技术研发等方面要有所倾斜，在人才培养、人才引进、技术研发等服务体系建设方面要加快推进新能源技术的广泛应用。通过引入可交易的配额制等强制性市场份额政策，培育合理的新能源消费市场及生产企业的市场竞争力，从而促进新能源技术和产业发展。

（五）加强新能源微电网建设，提高分布式新能源比例

新能源微电网是未来能源的发展趋势，是“能源互联网”的创新应用，是电网放开和电力改革的方向。它基于局部能源网络，以传统能源为能源基础，风电、水电、太阳能等多种能源互补，逐步提高新能源的接入比例，最终实现向新能源替代的方向发展，有利于提高分布式新能源的比例。江西省目前新资源利用率低，尤其是生物质能，开发利用率只有1.98%，应提高生物质能的开发利用率。

（六）大力发展新能源装备产业

随着新能源产业不断发展，江西省应充分利用资源优势，大力发展新能源装备产业。一是大力发展光伏装备产业。江西省光伏产能居全国第二，应充分吸收装备制造产业，如晶硅线切割机等装备制造产业。二是大力发展风电设备制造产业。充分利用江西特有的中重稀土资源优势，以开发永磁直驱机型为技术方向。三是大力发展锂电新能源产业。江西省目前形成了磷酸铁锂、碳酸锂等上游资源产业，应借此机遇大力发展中下游产业，包括锂电池、锂电汽车产业，完成锂电新能源产业集群建设。

第五节　政 策 建 议

一、中部地区政策建议

中部地区应加强标准化建设，夯实能源革命基础保障。制定合乎中部地区实

际的效能指标和有效的计量、监测和实施程序。建立中部地区市场准入标准，限制高能耗、高污染产业发展及煤炭等化石能源消费。制定重要节能产品和技术的公共采购标准和目录，明确各主要领域年度新能源电量占比指标。分级分类建立能源产品标准体系并逐步完善提高，严禁不合格能源生产和交易使用。分行业确定绿色指标，推动全省主要业态绿色改造升级，化解过剩产能。制定更严格的煤炭产品质量标准，大力推广煤改气、煤改电工程，淘汰煤炭、钢铁、建材、石化、有色、化工等行业环保、能耗、安全生产不达标和生产不合格落后产能，促进能源生产和消费清洁化。

推动能源生产革命，打造多元化能源供应体系。加速发展清洁能源，以加快促进中部地区能源结构优化进程，全面带动全社会节能减排；尝试分阶段多重替代，逐步淘汰煤炭行业落后产能，着力培育天然气和氢能产业发展，在制储氢设施层面，尽快形成制、储、运氢的示范化应用；大力开发利用生物质能源和可再生能源以及储能技术，尤其是充分利用以油菜籽为原材料的生物质柴油和基于沼气的生物质能源；分阶段实现油气对煤炭、电力对油气、非化石能源对化石能源的多重替代。

提高法治化水平，优化中部地区能源革命制度环境。结合现有政策法规，着眼“十四五”乃至更长时期，加快能源政策法规出台步伐，构建新能源有效并网的智能电网法规体系。建立更加开放和灵活的政策框架，健全和完善有利于新能源发展和能源转型的市场机制与法规体系，建设智能电网，提升电网智能化水平和优化配置能源资源的能力，推动能源清洁转型，助力可持续发展。充分利用中部地区高校资源优势及人才优势，建立健全知识产权保护法规、创新激励措施、法制、研究指南和研发融资管理体系。

完善市场化机制，激发中部地区能源革命发展活力。结合中部地区煤炭资源不足、天然气供应能力欠缺、风能密度不高、太阳能资源居全国中下水平等现实问题，构建开放、公平、高效的市场竞争机制，发挥好能源市场的供求信息和价格信号的作用，引导市场主体在自主供需平衡基础上与其他主体进行能源交易，推动中部地区能源市场主体、交易模式、产品类型产生变革。完善政府支持和投融资机制，鼓励能源企业在新产业培育过程中积极引入各类投资者实现股权多元化。以电力为突破口，推进电力部门引进新的市场竞争主体，发、输、配、售电业务分开。建立储能等灵活性资源市场化交易机制和价格形成机制，鼓励储能直接参与市场交易，通过市场机制实现盈利，激发市场活力。

把握创新化趋势，确保中部地区能源革命竞争优势。加大对新技术、新模式应用的支持力度，加大科技创新投入，依托优势教育科研资源，积极开展水风光互补、风光储互补等多能互补，申报国家重点实验室，探索应用氢储能、热储能等多种储能技术。加快推进智能电网发展，利用“云大物移智”等前沿技术，改造升级传统电网，打造安全、可靠、绿色、高效的智能电网。综合应用需求侧响应、分布式电源、微网、储能等多种手段，实现电网与用户双向互动。

二、湖南省政策建议

当前，湖南省能源发展方式正在由粗放增长向集约增长转变，能源结构正在由煤炭为主向多元化转变，能源发展动力正在由传统能源增长向新能源增长转变，节能降耗取得了显著成效，能源生产和消费都发生了巨大变革。在此背景下，中国共产党湖南省第十一次代表大会对“十三五”期间开展能源革命提出明确要求，即加强能源通道建设，加快推进“气化湖南”，大力发展清洁新能源，构建供给足、结构优、效率高的现代能源体系。以此为指导，结合“十四五”湖南省能源革命战略定位、战略目标、重点任务以及实施路径，提出以下推进湖南省能源革命的政策建议。

构建多元化市场保障机制，实现能源革命商业模式创新。建立统一开放、有序竞争的现代能源互联网市场体系，进一步发挥市场优化资源配置的作用。针对湖南省传统能源中电力、热力、油气等主要领域规划、运行、管理相对独立，存在信息不共享、沟通和协调困难等问题，由省委、省政府牵头指导省发展改革委、电力、财政等部门做好顶层设计，规范市场准入制度，鼓励和引导多元化市场主体依法平等有序进行市场活动。

完善全方位监管保障机制，提升能源革命建设管理水平，我国在能源领域监督管理中多采取行政手段，经济手段和法律手段相对缺失，导致行业管理更加激烈、能源监管延误，因此需要进一步完善监督管理机制。构建符合本省市场特征的监管框架，构建多层次监管格局，加大监管机构、省市区县政府与互联网企业、能源行业的共同合作，建立政府监管与外部专业化监督密切配合的监管体系。

打造标准化技术保障体系，推进能源革命有序开展。开展能源标准化工作，整合资源，避免各自为政，促进能源技术进步和产业健康发展、构建新型能源体系。能源标准化技术支撑体系建设包括政策法规层面的体系建设和技术性能指标体系的建设。结合省情和相关产业发展现状，加快重点领域技术标准制定，推进湖南省能源互联网技术标准的实施。

三、湖北省政策建议

（一）实现能源革命，加快推进工业产业升级

为实现省委提出的“率先、进位、升级、奠基”目标，加快推动湖北省由工

业大省向工业强省的转变，根据《湖北省国民经济和社会发展第十三个五年规划纲要》《中国制造 2025 湖北行动纲要》《湖北省工业“十三五”发展规划》，湖北省工业部门需要也必须进行能源革命。

湖北省应顺应国际国内形势要求，进行能源革命。在新技术革命驱动下，工业互联网、大数据、云计算等快速发展，推动全球制造业发展模式加快向智能、绿色、服务方向发展。发达国家纷纷实施“再工业化”战略，制造业重新成为各国竞争的主战场。我国经济发展进入转型升级攻坚期，亟须转变工业发展方式。

湖北省作为中部大省，也是一个老工业基地，具有较强的产业基础和后发优势，通过产业转型升级、坚持创新驱动、加快节能降耗等，转变以往粗放式的发展方式，激活产业发展新动能，构建产业发展新体系，推进结构性改革，加速实现从工业化中期向工业化后期的转变。

湖北省的能源基本特点是缺煤、少油、乏气。能源消费刚需仍在增长，能源总量控制压力依然较大；能源结构仍将长期以煤为主，优化升级任务艰巨，改善用能结构任重道远。

（二）实现能源革命，建设绿色交通运输体系

湖北省素有“九省通衢”之称，在国家的交通版图中有着重要的战略地位。省委、省政府提出，湖北省要率先在中部地区全面建成小康社会，力争在全国发展方阵中总量进位、质量升级，为实现第二个百年奋斗目标奠定坚实基础。

依托国家重大战略实施，对标湖北建成内陆开放新高地目标，湖北省民航全球化服务能力将稳步提升，国际货运专线将不断拓展，高速铁路加速成网，高速公路布局更加完善，内河水运发展提档升级，沟通省内大中城市、与周边省份互联互通的综合运输大通道将全面形成，加速提升湖北在全国综合交通网中的枢纽地位。

（三）实现能源革命，转变建筑业发展方式

湖北省建筑部门能源革命要以转变城乡建设模式和建筑业发展方式为战略导向，将高效、绿色、适度的理念贯穿于城乡建设规划和建筑设计、施工、运行、拆除的全过程中，以合理控制建筑面积、加快普及超低能建筑、大幅提高建筑用能系统和设备效率以及优化建筑终端用能结构为主要手段，全面推进建筑能源利用方式的根本变革，实现以较少的能源消费增长，满足城镇化背景下建筑服务水平大幅提升和室内环境显著改善的刚性需求。

在贯彻落实《中华人民共和国节约能源法》《中华人民共和国可再生能源法》《民用建筑节能条例》的基础上，全省城镇新建公共建筑全面执行国家《公共

建筑节能设计标准》(GB 50189—2015)，新建城镇居住建筑全面执行湖北省《低能耗居住建筑节能设计标准》(DB 42/T 559—2013)，鼓励实施《农村居住建筑节能设计标准》(DB 22/T 2038—2014)，补充完善湖北省建筑节能管理办法、条例等地方性法规和政府规章，形成建筑类法规政策体系，为湖北省实施建筑节能、发展绿色建筑奠定坚实的法规政策基础。加强标准体系建设，编制发布各项评价标准与设计标准、新型节能建筑应用一体化图集、各类建材施工工法，形成地方标准体系，为湖北省实施建筑节能、发展绿色建筑提供了适宜的技术路径。

四、河南省政策建议

（一）建立公开、公平的能源投资政策，引导创业资本进入能源领域

完善能源政策体系，发挥政府的扶持引导作用。充分利用投资补助、财政贴息、地方立法、税收优惠、价格政策等多种手段，加大对节能、清洁能源发展、能源科技创新等方面的支持力度，拓宽能源行业投融资渠道，建立竞争有序、公开公平的能源投资机制，引导创业资本进入能源领域。发挥全社会的力量，共同建造安全、绿色、低碳、高效的现代能源体系。

同时，通过制定各种灵活适用的激励政策（如价格、投资、信贷、税收、入网等激励政策），促进新能源和可再生能源的快速稳定发展。

（二）严格执行国家能源安全生产标准，杜绝能源生产安全隐患

持续推进煤矿安全改造，加大煤矿瓦斯治理和综合利用力度。对长距离油气管道进行保护，制定严密的护理细则，防止自然和人为的损害。强化电力安全生产、落实安全责任、严格安全生产执法、严肃责任追究制度。

（三）加强能源行业管理制度，完善实施监督和评估机制

制定能源战略规划和产业政策体系，对能源规划、建设、生产、运营、消费等各环节实施全过程监管；在贯彻领会国家能源法规政策的基础上，制定本地区实施煤炭、油气、电力、新能源等地方能源行业管理办法和地方行业标准，积极推动能源企业标准化建设。充分发挥行业协会的作用，促进行业自主执行各项能源政策。

（四）积极制定能源开放合作政策，保障本地区能源供给

充分发挥河南省区位、市场、产业基础等优势，抓住国家实施“一带一路”的机遇，完善沿线国家之间、省政府之间、企业之间的合作机制。推进输煤通道建设，争取国家骨干油气管道路径，有利于河南省合理规划建设跨区输电工程。

加强与中央大型能源企业合作，积极利用其在外省或境外能源生产基地向河南省供应优质能源。鼓励本省优势企业积极开拓国际国内市场，建立省外、境外能源生产基地和能源设备制造基地。

五、安徽省政策建议

能源革命是一个系统工程，涉及生产、消费、技术、体制和国际合作五个方面，影响因素众多，难以一一而足。在政策建议方面，安徽省应在充分运用国家层面的政策制度的情况下，结合本省的实际省情，围绕本省的战略重点出台相关政策，推进能源革命的顺利进行。

完善煤系资源安全开采、清洁、综合利用政策支持。安徽省的战略重点之一是煤系资源的安全开采、清洁利用。煤系资源开采、利用的过程中造成了生态破坏、环境污染等社会问题。因此，煤系资源的利用应基于全生命周期视角，结合当前“生态优先、绿色发展”的理念，建立健全煤系资源开发利用全环节全过程制度设计和政策安排。针对安徽省煤系资源埋藏深、煤气伴生、开采难度大和生态破坏性强等特点，需要加强以下政策支持：一是煤炭灾害机理等基础理论研究和综合开采技术等研究政策；二是煤系产业（包括煤系天然气产业发展）转型升级方面的组织政策、技术政策、结构政策、布局政策和人才政策；三是煤炭资源生命周期结束后废弃矿井的综合利用政策。

健全市场化机制，激发能源主体发展动力。安徽省可再生能源发展之后，一方面是可再生能源天然优势不足，但更为重要的是发展动力问题。传统的政策补贴只能在新能源示范推广方面起到宣传作用，难以形成核心竞争力。而市场机制是推动市场微观主体进行技术创新、优胜劣汰，进而通过技术进步降低成本，解决新能源发展动力不足的有效途径。为此，安徽省需要构建开放、公平、高效的市场竞争机制，发挥好能源市场的供求信息和价格信号的作用，通过市场引导主体在自主供需平衡基础上与其他主体进行能源交易，推动全省能源市场主体、交易模式、产品类型产生变革。完善政府主导、市场主体和社会组织及公众参与创新体系，鼓励能源企业在新产业培育过程中积极引入各类投资者实现股权多元化。以电力为突破口，推进电力部门引进新的市场竞争主体，发、输、配、售电业务分开。建立储能等灵活性资源市场化交易机制和价格形成机制，鼓励储能直接参与市场交易，通过市场机制实现盈利，激发市场活力。

充分利用科技创新平台，加速科技创新进程。充分利用科技创新平台，加大对新技术、新模式应用的支持力度，加大科技创新投入，依托中国科学技术大学核科学技术学院、合肥能源研究院、中国科学院合肥物质科学研究院、安徽理工大学、省部共建深部煤矿采动响应与灾害防控国家重点实验室、合肥工业大学、安徽省新能源利用与节能省级实验室等优势教育科研资源，探索深部煤矿开采、煤与瓦斯共采、煤炭清洁转化、应用地热能、热储能等多种储能技术。为此需要在人才培养、人才引进、科研基金项目支持等方面出台相关政策。在人才激励方面，鼓励高校、科研院所和国有企业强化对科技、管理人才的激励，建立健全充分体现智力劳动价值的分配机制。积极打造尊重人才的大环境，使高精尖人才得以充分利用和有效配置，在为安徽省经济建设贡献才智的同时使自身价值得以实现，从而形成人才虹吸效应。

六、江西省政策建议

能源可持续发展战略的确定，要根据江西省能源资源状况和经济发展方向科学地制定。要充分考虑国家战略以及本地资源、环境、技术、经济等多种因素，顺应能源变革新趋势，把转型发展作为未来一段时期能源发展的主线，从现在比较粗放、低效、污染、欠安全的能源体系，逐步转型为节约、高效、洁净、多元、安全的现代能源体系，能源的结构、“颜色”、质量都要发生革命性的变革。江西省作为一个缺煤、少水（能）、无油、乏气的中部地区省份，对能源的发展应当采取开源与节流并重的政策，一边要大力发展新能源，一边要节约能源，提高能源的利用效率。

（一）打造新能源全产业链目标

新能源产业是关系能源安全、经济安全、生态安全的战略性产业，也是一个市场潜力大、经济效益好、成长性高、关联度强的新兴产业。新能源的发展对优化江西省能源结构，加快产业转型升级，促进能源、经济、环境协调发展具有重要意义。江西省拥有良好的新能源产业发展的自然资源条件，并已初步建立了包括太阳能、风能、生物质能等多门类的新能源产业体系，光伏产业在国内形成了先发优势，彭泽核电站项目已列入国家规划，风能和生物质能发电已有多个项目建成投产。因此，江西省一定要抢抓当前新能源产业的机遇和市场，在已有的优势条件和基础上，结合省情，制定多能互补的新能源发展规划。在新能源产业培育方面，应重点围绕上游原材料生产、中游装备制造、系统集成和下游产品应用的产业链条，加快太阳能光伏、核能、风电设备制造、原材料产业和新能源汽车制造等产业发展，加大区域整合力度。在新能源产业布局方面，应把高新技术产业开发区、特色产业园区作为新能源产业发展的重要载体，大力促进现有产业集群与新能源产业的融合，瞄准新能源产业的市场、技术需求，完善和提升服务功能，强化产业孵化功能，为新能源产业发展提供成长条件和发展空间。

（二）完善能源创新体制机制

尽管江西省的新能源发展有着较为先进的技术保障与完善的体制机制保障，但要想紧跟能源变革和全球低碳发展的潮流，应对能源格局的变化，鉴于江西省所面临的能源问题，制定高瞻远瞩的可持续发展能源战略成为当务之急。江西省必须积极加快制定和调整能源发展战略，进行能源生产和消费革命，推进能源转型，掌握未来能源发展的主动权，这既是江西省可持续发展的内在需求，也是增强低碳发展竞争能力的战略选择。

要加强能源政策研究，发挥政策引导推动作用，加大财政对本省能源特别是可再生能源开发利用的支持力度，继续支持页岩气勘探、农村电网改造升级、煤矿安全改造、农村沼气利用和电动汽车充电基础设施建设。

加强信贷政策和能源产业政策的衔接配合，创新能源金融产品和服务，引入众筹、互联网金融等新模式，拓宽融资渠道，提高直接融资比重。鼓励民间资本进入法律法规未明确禁入的能源领域，鼓励境外资本依照法律法规和外商投资产业政策参与能源领域投资。